「ようちえん」はじめました！

お母さんたちがつくった「花の森こども園」の物語

葭田あきこ

新評論

プロローグ

「親の手で育てよう」と、準備期間わずか四か月で開園した「ようちえん」（ＮＰＯ法人花の森こども園）が、二〇一六年四月に九年目の春を迎えた。縁のあった幼稚園の記憶をたどって、それを再現することからはじめたわけだが、環境を生かして続けてきたら、かなり違うものになってしまった。

五人の幼児たちとはじめた生活は、現在、二〇名の子どもたちが集うまでになっている。小さな「ようちえん」だが、入園者は秩父一市四町以外にも広域にまたがり、「花の森で子ども時代を過ごさせたい」と言って、遠方から移住してきた家族もいる。

多様な自然に助けられて、抗わずに子どもと暮らしてきたら、子どもにとって「幸せなようちえん」になったと思っている。そのことは、子どもたちの笑顔が証明してくれている。事実、訪ねてくる人から次のような質問をよく受けることがある。

「みんな器量のいい子ですが、選んでいるのですか？」

「いやいや、選んでいるのは子どもたちのほうです。この環境が、子どもたちを本物の笑顔にするのです」

（なんで、子どもたちだけに器量面で効果があるのか？と、あとから思う）

まずは、「花の森こども園」がある「ちかいなか秩父」についてお話をしておこう。

日本の都道府県のなかで平野部の割合が多いのが埼玉県だが、その西側を占めている秩父地域は、四方を山に囲まれた盆地となっている。南西に二〇〇〇メートル級の山を控えており、都心から六〇～八〇キロという距離しかないにもかかわらず、森林率が八四・四パーセントという山間地域となっている。この比率は、日本全体で見た割合とほぼ同じだという。

こんな「田舎」とされる秩父を、近年有名にしてくれたのが落語家の林家たい平師匠であろう。出身が秩父というたい平師匠は、『笑点』（日本テレビ）などのテレビ番組において、

横瀬町の棚田から武甲山をのぞむ

繰り返し秩父の良さを紹介してくれている。そのなかでも、よく話題に出るのが「祭り」である。聞くところによると、一年に四〇〇近くのお祭りが秩父地域の各地で行われているという。「祭り」と「武甲山」を抜きにして、秩父を語ることはできない。

とくに、毎年一二月三日に行われる秩父神社の例大祭（御神幸祭・秩父夜祭り）は、江戸時代（寛文年間）、絹織物市の発展によって盛大に行われるようになったもので、京都の祇園祭、飛騨の高山祭とともに「日本三大曳山祭り」として全国に名をとどろかせている。厳寒の寒空のもと、毎年、二五万人以上の観光客でにぎわっている（二〇一六年一二月、「山・鉾・屋台行事」の一つとしてユネスコの無形文化遺産に登録された）。

五穀豊穣に感謝し、田植のお水を武甲山へお返しするという神事は、秩父屋台囃子が乗った荘厳な四基の屋台と二基の笠鉾が、氏子衆の腹の底に響く「宝来、宝来」の掛け声とともに曳行されていき、その目的地である御旅所の手前、団子坂あたりが最高潮となる。

この夜祭りの伝説として、次のようなものがある。

秩父神社の女神（妙見菩薩）と武甲山の男神（蛇神・蔵王権現）が、年に一度の逢瀬を楽しむためのものと伝わっている。実は、男神には本妻がおり、曳航途中にある番場町の諏訪神社の祭神「八坂刀売命」とされている。前日の二日に行われる「番場町諏訪渡り」は、年に一度の逢瀬を楽しむ許可を求める祭礼と言われている。許可をもらったとはいえ、御神幸祭のときに諏訪神社の近辺を通過する際、各町会の屋台は正妻である女神を怒らせないように、屋台囃子の演奏を止めて進むことになっている。つまり、逢引きを手引きするお祭りということだ。

山間部という土地柄、秩父は桑の植生に適し、江戸時代から昭和の半ばくらいまでは養蚕や絹織物が生業の大半を占めていたが、高度経済成長期には武甲山から産出される石灰によるセメント産業が取って代わっている。また、武甲山の伏流水と腕のいい杜氏《とうじ》によって生み出される武甲酒造の「武甲正宗」や矢尾総本店の「秩父錦」、そして秩父ワインの「源作印ワイン」といった老舗をはじめとして、近年は日本酒の酒造から「ベンチャーウィスキー社」に転じた「イチローズモルト」や秩父ファーマーズファクトリー「兎田ワイナリー」などから数々の名酒が生み出されており、酒造業としても名高い。

東京近郊にお住まいの方であればご存じだろうが、西武鉄道による秩父観光案内は凄い。四季を通じて、さまざまな観光名所が車内テレビやパンフレットで紹介されている。そこで近年、有名

夜祭り

秩父神社

（写真提供：秩父市観光課）

になったのが「聖神社」である。

秩父地域を縦断する国道140号線を市街地から長瀞町へ向かう途中に位置する黒谷は、日本最古のお金として有名な「和同開珎」で知られている。そこで掘り出されたと言われている自然銅とムカデがご神宝になっているのが「聖神社」である。決して広くない境内には祝詞が響きわたっているのだが、実はこの神社、「銭神様」と呼ばれ、知る人ぞ知る金運の神社である。びっくりするような一攫千金の報告が境内を埋め尽くしている。

この神社からさらに二キロほど進むと、私たちの「花の森こども園」に着く。住所は秩父郡皆野町皆野となるわけだが、ここ皆野町は『秩父音頭』の発祥の地でもある。

歌詞のなかでは秩父の人々の山の暮らしと文化が描かれているのだが、「花の森」の環境を生かした保育計画と重なるものがある。秩父で育つすべての子どもたちが、この歌と踊りに親しんでいる。以下で、歌詞の一節を紹介しておこう。

聖神社（写真提供：秩父市観光課）

○ハァーエ　鳥も渡るか　あの山越えて　鳥も渡るか　あの山越えて（コラショ）　雲のナァーエ　雲のさわ立つ　アレサ　奥秩父
○ハァーエ　桑の葉影に　流るる太鼓　桑の葉影に　流るる太鼓　武甲ナァーエ　武甲二子（ふたご）の　アレサ月明かり
○ハァーエ　燃ゆる紅葉を　谷間の水に　燃ゆる紅葉を　谷間の水に　乗せてナァーエ　乗せて荒川　アレサ都まで
○ハァーエ　炭の俵を　編む手にひびが　炭の俵を　編む手にひびが　切れりゃナァーエ　切れりゃ　雁坂　アレサ雪化粧
○ハァーエ　秋蚕（あきご）仕舞うて　麦蒔き終えて　秋蚕仕舞うて　麦蒔き終えて　秩父ナァーエ　秩父夜祭り　アレサ待つばかり

『秩父音頭』に歌われている秩父での自然保育の様子、楽しみながら読んでいただきたい。四季折々の風景が満載で、喜怒哀楽を素直に表現したつもりである。言うなれば本書は、保育の実践報告ではなく、読者のみなさんに「感性とは何か」を問うものとなっているかもしれない。

なお、登場する子どもの名前は仮名を原則としているが、クルー（スタッフ）の子どもや在園児は実名で記したことをお断りしておく。

もくじ

第5章　いろんな命が育つ場所（二〇一一年）　145

「ようちえん」はじめました！

——お母さんたちがつくった「花の森こども園」の物語

序章

いきものがかり

—いろんな命との共生—

「花の森こども園」が開園してから九年、晴れても雨でも、土日も夏休みもない「いきものがかり」は、これまでに何人もの子どもたちによって命を預かるというバトンをつないできた。「いきものがかり」とは、園内の動物たちの小屋の糞を掃き集め、セメントの床をデッキブラシで洗い流し、エサを用意するお世話係のことである。

子どもたちは毎日繰り返される単調な仕事に工夫をこらし、情報交換の場とするとともに遊びに転換している。バケツの水は天秤棒を通して運ぼうとか、溝に落ちた糞はこの向きで掻き出すと取れるとか考えながら、畑の肥料になるチャボやウサギの糞を小屋で拾いながら、家での出来事などを井戸端会議よろしく話している。

「うちのおかあさんなぁ。きのう おれよりさきに ねちゃったんだで。なんか、つかれちゃったんだって」

「うちのママも マスクとかしてるで。かぜひいたんかさぁ」

「そういうこと あるんなぁ」

天秤棒をかついで

二畳ほどの小さなウサギ小屋で、その日の仕事を任された子どもたちが手を動かしながらおしゃべりしている様子は何とも微笑ましい。本音の会話が聞こえてきて、私たち大人は口を挟まないように気配を消している。

ある年の夏、数日前にまとまった雨が降ったので、雨水のタンクは満たされている。「いきものがかり」の掃除に雨水はありがたい。子どもたちは、「みずは、やまからくる」と言う。「せんせー、こっちきてみ。こっちからみると、『すみれ』のこやのうらも、そうじしてやらないとだなぁ、とおもったよ」と、年長の悠《ゆう》が叫んだ。

「すみれ」というのは園で飼っているヤギの名前で、「花の森」の大切なクルーでもある。「いきものがかり」は年長の仕事となっている。この「すみれ」やチャボの命を預かる仕事である。毎日、小屋のセメントをデッキブラシで洗い流しているのだが、たまには裏側までやらなければならないということを悠が発見して、教えてくれた。

この年は、悠がたった一人の年長なので、年中の桃組さんにも交代で手伝ってもらっている。しかし、悠には言い分がある。

「ゆうくんばっかり　なんでまいにちやんなきゃいけないのぉ。みんな（桃組）はこうたいであそべるのにぃー」

自分だけがなぜ毎日「いきものがかり」なのかと、不満を何度も言ってくる。

「もし、悠《ゆう》のお父さんやお母さんが今日は遊びたいから悠のご飯はつくりません。掃除もしません。ようちえんにも送りません、ってなったらどうなると思う?」

「ゆうくん　おなかすいちゃうし、ようちえんにこれない」

「そうだね。それじゃ、悠が今日は遊びたいからご飯はあげません。小屋の掃除はしません、ってなったら、『すみれ』たちはどうなるんだろう?」

「おなかすいちゃうね。あと、びょうきになっちゃうかも」

「よく分かるね。悠のお父さんもお母さんも、悠が元気に大きくなるように責任をもっているんだよ。だから一日も休まず、悠にご飯をつくってくれたり、お世話をしてくれてるんだね。じゃあ、すみれたちの命を預かっているのは誰だろう?」

「ゆうくん?」

「うん。一緒に暮らしている私たちなんだよ。助け合わないと元気に生きていけない。一緒なんだよ。悠は、もうその責任をちゃんと果たせるだけ大きくなってきたから、『すみれ』たちのお世話をするんだよ。それが花の森の『いきものがかり』、桜組なんだ。だけど、桜組は悠だけだから、年中さんに少しだけ手伝ってもらっているんだよ」

「そっかぁ、わかったぁ!　あ～でも、ゆうくんあそびたい」

「そうだね。遊びたいね」

このような問答は、これまでに何度もした。そのたびに悠は、「まったく、おればかり、まいった！」と言いながらもゆるーく「いきものがかり」を続けている。「すみれ」が木の実を食べられるように枝を伸ばしてあげるという配慮も見せてくれるし、小屋の裏側まで掃除をしようと頑張ってくれている。

仲間を愛おしく思う心が十分に芽生えている。だから、悠がときどき発する愚痴は、何回でも聞いてあげようと思っている。そういえば、私も子育てのとき、まとわりつく子どもに「一五分だけ他人になろう」と言ったことがある。現実は変わらないが、時には、愚痴は健全なガス抜きとなる。

みんな一緒だね――やきもち

園庭で放し飼いにされている「すみれ」が「リイサ」に頭突きをしている。新入りの子ヤギである「リイサ」に子どもたちの関心が集まり、最近、「すみれお嬢」はご機嫌がよろしくない。仲良くしたいと思っている「リイサ」は「すみれ」から頭突きをされ、小さな「リイサ」の体が宙に浮くこともある。

「あー、すみれったら、リイサに焼きもちゃいてるね」

開園当初からの保育クルーである根岸佳代子さんが、リイサをかばいながら言った。すると、年中の小都《こと》が「やきもちって、なぁーに?」と尋ねてきた。

「焼きもちってね……みんなも、弟や妹のお世話におかあさんがかかりきりだと、やだなぁとか、私のほうも向いてほしいなって、寂しいような嫌な気持ちになったことない?」

小都をはじめとして、そこにいた子どもたちは思い当たるらしく、すぐに「あるある。あのことかぁー。きのうも、そういうことあった」と反応してきた。

「そう、そんな気持ちのことだよ。すみれも一緒なんだよ」

根岸佳代子　結婚して飯能より秩父に来る。専業主婦だったが、花の木幼稚園の鯛谷園長より「山へ行って手伝って」と言われ、開園前の掃除から手伝う。どちらかというと消極的な参加だったが、少しずつクルーとして進化していく。

「そうなんだ。すみれも、こっちゃんといっしょなんだね」と、小都がつぶやいた。

命と命が距離を縮めた瞬間だ。命は他者との関係性を実感することで初めて自覚できるし、愛おしいと感じることができる。言葉の選び方、そして伝える声のトーン、このような対応ができる先生はなかなかいない。こんなやり取りを子どもたちとしていると、不思議なことにすみれはリイサから離れ、落ち着いてまた草を食む。すみれも「分かってもらえた」と思ったのかもしれない。

勇気――思春期、青年期の支援へ

泣き虫はいいよ。そのあと強くなれるから。でも、弱虫、うそつき、知らん顔、そんなのが心の中にすくったら、あっという間に魔界に連れていかれる。あの澄んだ青空に黒い雲がたれこめて、弱虫の子どもを求めて魔王がやって来る。

ハロウィンや節分は、そんな心身の厄払いや防犯意識を高めるとともに、勇気を見つめる日である。高い所から飛んだり、悪者をやっつけるときに使うもの、それだけが勇気ではない。思ったことを伝える勇気。行動する勇気。困難に立ち向かう勇気。一人になる勇気。自分と正直に向き合う勇気。だが、この勇気を実際に使いこなせる人はそう多くない。

勇気というのは、使うことによって再生産されるという持続可能なエネルギーでもある。だから、自分に正直に生きることに使われた勇気の再生産エネルギーは、無量大数（子どもが好きな言葉）に莫大なものかもしれない。

いい年をして「ようちえん」を創設したお母さんたちの勇気も、一生を支えるだけの「生きる力」として、さまざまな場面で再生産されていくだろう。事実、地域に根差すＮＰＯ法人として、幼児期から思春期、青年期の支援へと活動がつながっていくのに時間はかからなかった。「ようちえん」の立ち上げも、不登校、ひきこもり、ニートへの支援も、発端となったのは母親の視点であった。

不登校、ひきこもり・ニートの支援部門を牽引している大久保はるみさんは、「花の森」の創設当初、学童保育室の室長をしながら縁の下の力持ちとして園の活動を支えてくれた大先輩のママ友である。自身のお子さんにも不登校の経験があり、「秩父子育てネットワーク」の協力を得て、秩父で最初

大久保はるみ　秩父市に生まれ、埼玉県立高校の教員やニットメーカーに各４年間勤める。家業を手伝うために秩父に戻って結婚し、１男１女を育てる。長男が中１の年に不登校となり、「不登校を考える親の会」を始め、現在まで続ける。その後「花の森」に参加し、不登校・ひきこもりなどの若者支援を担当。

の不登校の「親の会」を立ち上げた人である。「いつか、NPOの活動のなかに不登校、ニート・ひきこもりの支援を加えて、一本のこども育ちの道にかかわってくれませんか」と、私ははるみさんを誘っていた。二〇一一年にその願いがかない、子どもたちの居場所として「かなりや」を開設した（第5章参照）。場所は、「花の森」があるムクゲ自然公園の中腹である。

ここに来る若者たちは、過ごしたいように一日を過ごしてよい。そこで同年代との出会いもあるが、特徴としているのは、幼児とのかかわりを意図的にもたせていることである。

その後、少し社会とのつながりを深めることを目的として、二〇一三年、秩父市吉田に「ゆいっこ」という多世代交流カフェも開設している（第7章参照）。若者、子育て中のママ、子

「ゆいっこ」てらこや

居場所「かなりや」

ども、地域の方といった多世代が集い、交流する場所となっている。またそこでは、週二日の夜間、「てらこや」と称して地域の子どもたちに学習支援を行っている。

地元の中学校の教員だった内木茂さんを中心に、退職した先生方が中心となって地域の子どもたちを対象として学習支援を行っている。内木さんは、自ら焼いたパンや手づくりの食事も提供してくれている。子どもの貧困対策として各地で取り組みはじめた「こども食堂」の走りのようなことを粛々と続けている。

かかわってくれている先生方と子どもたちは、食事を囲んで、教科書をツールに学び合いながら疑似家族を体験する。それによって情緒が安定し、徐々に子どもらしい笑顔を見せるようになってくる。

そういえば、「自立とは依存先の分散である」という言葉を読んだことがある。[1] これは、「当時者研究」で知られる熊谷晋一郎さんという小児科医がおっしゃっている言葉である。まさに、「か

内木茂　東京下町錦糸町に生まれる。青年海外協力隊でガーナに３年間、中学・高校の理科教員として派遣される。青少年育成国民会議、埼玉県中学校理科教師などを経て、2014年から「てらこや」で中学生の学習支援や若者の就労支援を行う。

なりや」と「ゆいっこ」の活動において、それを深めているように思う。

振り返ってみると、一〇年近くにわたって仲間とともに試行錯誤の航海を続けてきたことになる。今、勇気以外何ももたないまま、走り出せたことの「幸い」をたくさん感じている。よちよち歩きの「花の森」を助けてくれたのは、一緒に重いオールを漕いでくれた仲間と中学に行きづらさを感じている生徒たち、そしてその保護者だった。前職で傷つき、癒しを求めてきた人などをはじめ、百有余人にも上る人たちが無償の想いで支援に駆けつけてくれた。

世の中がどんなに効率に走ろうと、私たちを生かしてくれたのは効率を手放した人たちだった。さまざまな自然界の命に囲まれると、「違う」ということが前提となる。この世に宿ったときから、一人では生きていないということである。だから、「違うけど、みんな一緒なんだ」ということを感じる必要がある。

よく思い出せないのだが、向田邦子の小説に、「女は用をしながら畳に落ちたチリを見つければ、割烹着のポケットにそっとつまんで拾う」というくだりがあったと記憶している。ごく普通

（1）一九七七年、山口県生まれ。新生児仮死の後遺症で脳性まひに。東京大学医学部医学科卒業後、千葉西病院小児科などでの勤務後、東京大学大学院医学系研究科博士課程を経て、東京大学先端科学技術研究センター准教授。このネットは、イーストプレスという出版社が「Web メディア　マトグロッソ」として開設しているもの。「ゆらぐ身体から考える」というタイトルの第一四回「ともに生きていくために」（二〇一三年八月一五日）を閲覧。

の日常を生きているわけだが、どうやら私はこのチリを放っておくことができないようだ。そのせいか、食事をつくりながら子どもについて気付いたりしたことをメモに書き留めるという習慣が身に着いてしまった。家族の食事をつくっているのか、仕事をしているのか分からないという台所がある家、それが我が家である。

往々にして、伝えたいことや実践したいことは、油染みがついたメモに書かれたものであったりする。エプロンのポケットにチリが積り続け、「花の森」の活動がここ秩父において一つの山をつくってきたと思っている。山がつくられていく過程を振り返りながら、私たちの「花の森」の本編をはじめることにする。

第1章

旗揚げ

幼稚園がなくなる

マナーモードになっている携帯電話が震えたのは、抜けるような青空の二〇〇七年一〇月だった。着信表示された名前を見て、すぐさま電話に出た。

「もしもし、久しぶり。あのね、幼稚園がなくなっちゃうよ」

「えっ、何?」

「もしもし、聞いてる? 『花の木幼稚園』がなくなるんだよ。英語とかやる幼稚園になるんだって。もう大騒ぎらしいよ。話、聞いてない?」

電話の主は、息子が卒園した幼稚園のママ友だった。

「なんだか園長も辞めちゃうし、お母さんたちは動揺している。当たり前だよね。とにかく大変みたいよ。ちょっと、園長にも聞いてみて」

にわかには信じられないことを一方的にしゃべって、電話は切れた。

当時、私は秩父市内の中学校で相談員として勤務していた。中学校の三階から見える風景は、稲刈りを待つ黄金が一面に広がっている様子である。それをしばらく茫然とながめていた。奈良時代に条里制を引いたこの辺りは、碁盤の目のように整然とした田んぼが山並みの裾から広がっている。奈良時代から脈々と続いてきたであろう眼下の実りを前に、ようやく前を見ようとしている私の足元が再び崩れていくのではないかという不安が襲った。

「花の木幼稚園」は、私とともに三人の息子たちも卒園者である。それゆえ、同窓会を兼ねたクリスマス会を企画したり、評議員としてのつながりを続けてきた。それにしても、教育機関、いや家族で縁をつないだ場所がそんな簡単になくなるものなのだろうか。

　教育方針への信頼も厚いし、結束力の強い保護者が、理事長の意向を簡単に受け入れるとは思えない。それだけに、在園中の保護者やＯＢの保護者にあっという間に知らせが届き、大騒ぎになっていった。それから暮れにかけて、現役のＰＴＡ会長が困惑しながら話

かつての花の木幼稚園

し合いの場を設定したところ、高校生になった卒園生やその保護者、そして在園児の保護者が公民館の一室を埋め尽くし、理事長が掲げる方針に異を唱えた。白紙に戻るのではないかという淡い期待もあったが、理事会の方針は頑なものだった。

「理事長が方針を変えることに、何故、保護者や卒園生が異論を唱えるのですか？」という、耳を疑うような言葉が理事から発せられた。また、園長を擁護していたある理事も、ある日を境に意見が一転した。

「私は別の形で、園長先生にはご恩返しをさせていただこうと決めました」

「鯛谷和代園長の教育を引き継ぐのは、現実には難しいですね」

いったい何が起きたのか、訳が分からなかった。理事には、地元の明主と言われる人や、それなりの社会的立場をもつ人が名前を連ねている。一方、私といえば、卒園生であり元保護者というだけで、まったくもって権威がない。

「今日、方針変更と園長退任について打診し、園長もこれを受け入れました」という報告が理事長からあった。そこには、充満する重い空気に耐えかね、早々に決着して終わりたいという思いがうかがえた。この場の空気を読んでいたら窒息しそうだった。空気を読むのが大人の対応というものだろうか。そんな体に悪い空気を吸うくらいならＫＹ（空気が読めない）になろう。

「それで、鯛谷園長はほんとうに納得されたのでしょうか？」

少しして、理事の一人である田嶋医院の先生が沈黙を破った。

「納得はしていないやなぁ」

その一言にたまらなくなって、秩父の明主を前にして私は言った。

「在園されている方たちは、今の教育方針を信頼して園児を預けてくださっています。それを移行期間も設けげず、中途で方針を一八〇度変えるというのは、保護者や子どもたちにとっても唐突すぎます。鯛谷園長は、三〇年近く都内から秩父に通われて、秩父の幼児教育のためにご尽力くださいました。鯛谷園長の教育を信頼して、うちの園を選ばれた方がたくさんいます。

みなさんのような立場で、その道を牽引してきた方々が、『もう、あなたの役目は終わったから明日から必要ない』と周りの者から一方的に決められたら納得できますか？　私たち秩父の人間は、秩父の幼児教育に尽力してきた方にそういうことをしようとしているのですよ。私を総意から外してください。つまり、決定は理事会の総意ではないということです」

言ったところで結果が変わるわけではない。ごまめの歯ぎしりである。

「理事長が方針を決めたのに、何故、保護者や卒園生までが異論を唱えるのか？」

このような言葉、そういえば以前にも聞いたことがある。市役所の職員から「教育長がやると言ったらやるんだよ」と言われたのだ。かつて秩父市には、学力向上を目的として二学期制を導入するという動きがあった。

しかし、現場の先生に尋ねても、誰一人として、「競争原理の前提においては、子どもたちにとっては好ましい制度とは思わない」という意見が多かった。何故、現場や当事者の声が反映されないのかと、このときも不思議に思った。

花の木幼稚園がなくなるという騒動の年の春、私は親しい人を癌で亡くしている。高校からの友人で、子育てを機に、公私ともに第二の青春を謳歌した人であった。子育ても、家を建てるのも、バラの庭づくりにも一緒に夢中になった。ピアノの講師だった彼女は、いつも私をいろんな世界へつれだしてくれた。そう言えば、二学期制に関しても一緒に活動したが、二〇〇七年五月、大好きなバラの季節に彼女は逝った。これほどまでの喪失感は経験したことがなかった。そして、人生は唐突に幕を下ろすものだということを知った。この先、自分の命を何に使おうか、友人が命を賭して投げかけてくれた課題である。

「雑草のようになれ。踏まれても、踏まれても、頭をもたげる雑草のように生きよ」という父の言葉が蘇る。友人が逝き、花の木幼稚園がなくなるという年、それが二〇〇七年だった。

「ようちえん」をつくろう

来年度から幼稚園の運営が大きく変わることになり、四月からどうするか、在園中の子どもをもつ各家庭は大いに悩まれたことだろう。職員が総入れ替えとなり、まったく別物の園がスタートすることになる。園に留まる者、他園に移っていく者、そして行き場の決まらない子どもたちが生まれた。

「幼稚園なくなっちゃうって本当？」とか「どうしてなくなっちゃうの？」という息子たちからの問いに、どのように答えればいいのだろうか。私の三人の息子は中２、小４、小１になっていた。そんな息子たちには、「おかしいと感じたことについては考えよ」と常々伝えてきた。そして、間違っていると思ったことには、たとえ相手が誰であれ異を唱えるようにと言い、「仮にうまくいかないときでも自分を変えなくていい」とも言って育ててきた。

そんな私が、この矛盾と対峙せず、「しょうがないんだよ」とか「どうせ無理」などと言ってしまったら、「お母さんは調子のいいことを言っているけど、結局、長いものに巻かれていくんじゃないか！」と思うことだろう。

「思うだけなら、男でもお産ができる」と言った母の言葉が蘇る。そして、亡くなった友人のことが頭をかすめた。命を何に使おうか。人生のなかで、何を本当にやらなくてはならないかを考えはじめる時期だった、と今改めて思っている。

最後に目を閉じるときに、「いい人生だった」と思いたい。自分を偽らずに生きてきたのか？「できるか、できないか」じゃない、「やるか、やらないか」だ。

そうだ！　親の手で「ようちえん」をつくろう！　子ども時代を存分に遊びきれる「ようちえん」を！　話し合いができて、ちゃんとものが言える「ようちえん」を！　主体的に、自らの意志で行動のできる子どもたちを育てたい！

こういう選択肢があることを、行き場に迷う園児のお母さんたちに伝えた。意外なほど、お母さんたちは前向きに盛り上がった。これが、社会的な属性をもたない者の強みかもしれない。

「子どもたちに本気を示そう！」と言うお母さんたちに、「一つ、確かめたいことがあります」と尋ねた。容易ならざる状況に、あえて自分の命を使って一緒に漕ぎ出す舟をつくろうと思っている。とはいえ、自分の子どもさえ何とかいい幼児期が過ごせればよいというのであれば、まったく方向性が違ってしまうことになる。同じ想いが集まらなければ、荒海に漕ぎ出す舟などつくれない。

「新しくつくる『ようちえん』は、自分の子どもが卒園するまであればいいの？　みんなの想いのあるところはどこなの？　自分の子どもがなんとかなればいいの？　子ども時代

逸見智子　武蔵野女子短期大学部幼児教育科卒業。長男長女を「花の木幼稚園」に入園させ、次男が年少の時に退園。その後、「花の森」に2年間お世話になる。最初は親として関わって事務的な手伝いをし、保育クルーとして現在に至る。

の保障をつくりだしていく取り組みとするの？」

非常に覚悟のいる決断を私は迫った。現在、「花の森」のクルーとなっている逸見智子さんは、電話の向こうで少し考えて、「自分の子どもについてだけではないです」と言い切った。それで、私もひと肌脱ぐ覚悟ができた。

後ろ盾もなければモデルもない。子どもに寄り添ってくれた鯛谷園長の「花の木幼稚園」が唯一の手本である。信頼は、協働しながら積みあげていく。ここがグランドゼロ、新たな仲間と歩き出したいという気持ちのほうが勝った。あとは、走りながら考えるしかない！

二〇〇八年が明けると「ようちえん」をつくることに現実味が帯びはじめ、それぞれの家族に心の内を明かすことになった。

まず、智子さんは、「ようちえん」を新たにつくるということを家族に伝えた。敷地内の別棟に住んでいる義理の両親の反応がとくに気にかかったという。しかし、普段口数の少ないお義父さんが「革命だな」と言って、智子さんの背中を押してくれた。そして、根岸佳代子さんの夫である太三男さんは、四月から「花の森」のクルーとなる佳代子さんに向かって、「かかわるなら、最後までやれよ」と言ってくれたという。

母親たちの決断を、男たちが不安をあおったり、世間体で抑えたりせずにデンと構えて後押しをしてくれた。なんと男気のある夫や家族であろうか。世間体を構わず、「花の森」を創設させてくれた度量がそれぞれの家庭にあったことを幸運に思っている。家庭という共同体において、母親たちが個としての選択や存在を尊重されていることの証しでもある。

三月で退任が決まっている鯛谷園長に、私たちの意向を電話で伝えた。

「大丈夫。九年もうちの保護者をやったのだからできます」

「でも、無謀ですよね？　バカですよね？」

「そうよ。バカが歴史を変えるのよ」

こんな会話をして鯛谷園長と笑った。昨年の秋以来、精神的に参っていらっしゃったようだが、園長の声はしばらくぶりに明るかった。

二〇〇八年の年明け、お屠蘇気分を早々に切り上げて拠点探しにのぞんだ。

「佐藤さんの実家は、もう住む人がいなくて空いている」

「あそこのパン工場はもう使ってないらしい」

「うちの庭に使わない倉庫がある」

「あそこの長屋なら安く借りられないだろうか？」

さまざまな情報が入り、本当にうれしかった。しかし、現実的にはそれぞれ事情があって先に進むことはなかった。

「羊山《ひつじやま》公園で青空保育はどうか？」（１）

こんな大胆な発想も選択肢の一つとして挙がったころ、商売柄顔が広く、幼稚園のママ友だった長谷川信枝さんに訳を話したところ、彼女の実父である伊藤嘉規《よしのり》さんが所有する「ムクゲ自然公園」の食堂が空いていると教えてくれた。

信枝さんとはこれまで折々に接点があったが、同じ幼稚園の保護者として、同じ思いでる人である。

「花の木幼稚園」を愛した人である。恵まれた育ちと華奢な体に似合わず大様で、気働きのできる人である。

とくに私が惚れたのは、働く人の手をしているところだった。おそらく、私たちが東奔西走しているときに家族に事情を話し、説得してくれたのだろう。

長谷川信枝　「花の森」創設メンバーで、数年間、事務、保育に携わる。現在は、ムクゲ自然公園の管理人として創設者亡き後を引き継ぎ、公園の運営、企画、花々の管理など行っている。３人の子どもが「花の木幼稚園」を卒園している。

（１）　〒368−0023　埼玉県秩父市大宮６２６７。「芝桜の丘」で知られ、四月上旬から五月上旬の開花時期には多くの観光客が訪れる。秩父鉄道「御花畑駅」または西武鉄道「西武秩父駅」「横瀬駅」から徒歩で約二〇分。

ムクゲ自然公園

ムクゲ自然公園は、尾根伝いに「美の山公園」[2]に続く三〇町歩（約九万坪）もある稲穂山の麓にある。渡来人のものとされる稲穂山古墳[3]も存在し、信枝さんの父親、伊藤嘉規さんの故国である韓国の国花「ムクゲ」が一〇万本も植えられている私設公園である。

「ようちえん」を創設しようと動き出した人たちと、入園を検討している親子とともに、二〇〇八年二月、初めて食堂を見せてもらった。ムクゲ自然公園の入り口から山を少し登り、右手に坂を下ると、山の西側にひっそりと食堂は立っていた。白い外壁は苔で緑がかっており、不思議な壁画が描かれていた。その屋根は黒い猫の形をしており、外れかかった看板に「やまねこ亭」とあった。どうやら、これが食堂の名前のようだ。

室内は天井が高く、フローリングの床に自然の木をふんだんに使った壁や柱があるほか、畳敷きのスペースが一五畳もあった。この柱、きっといつか子どもが上ることだろう。もちろん、トイレや厨房もあって、シャワー室のついた職員の休憩室のような部屋もある。埃をかぶったテーブルや椅子はそのままで、物置のようになっていたが、まるで「ようちえん」になるのを待っていたかのような設《しつら》えであった。

「花の森こども園」のフィールドであるムクゲ自然公園

建物の南側は石組みがされており、そこから上は緩やかな傾斜地になっている。一方、北側には「マムシ池」と呼ばれる沼があり、冬場はカルガモが渡ってきたり、サギが飛翔したりするという。それほど大きくはない沼だが、カワセミなども見かけるという自然環境である。

この公園は伊藤さんの洒落や趣味をふんだんに取り入れた山となっており、おとぎ話のような建物があちこちに点在している。鶴の形をした「手芸館」、亀の形をした「美術館」、そして、夜ごとこの山から飛び出しているかのようなＵＦＯの形をした建物まである。

山の西側は砂防ダムになっているが、水辺がある。ムクゲを植えていない東西のエリアは、多様な雑木林となっている。タヌキの巣穴や、イタチ、イノシシも登場している形跡があり、さまざまな命が存在している気配がする。このような自然環境、子どもたちの遊びにとっては申し分のないフィールドである。

やまねこ亭

迷うことなく、ムクゲ自然公園の「やまねこ亭」をお借りすることにした。しかし、荒唐無稽な母親たちの動きについていけず、引いていく人たちもいた。あれほど仲がよかったのに……という人も、「ようちえん」の創設については口をつぐんだ。きっと、それぞれ事情があるのだろう。

一方、「ようちえん」に希望をもった人たちは、心を込めて前に進むことを厭わなかった。何よりも子どもたちのために、そして自分に正直に生きるための挑戦がはじまることになった。これまでの人間関係は自然と篩いにかけられ、ヘラクレス的な選択をした一〇人の母親たちが「やまねこ亭」に集うことになった。

子どもたちの居場所が決まった

仲間と何度も重ねた話し合いによって、準備するものが明らかになっていった。まずは、理念や方向性などで意思統一を図る場ともなった。とても大切なことを話し合いで一つ一つを押さえ

(2) 秩父市と皆野町にまたがる蓑山《みのやま》（五八一・五メートル）の山頂を整備した、四一ヘクタールの県立自然公園。桜、ヤマツツジ、アジサイが季節ごとに斜面一帯を彩る。秩父には珍しい独立峰のため、市街地や奥秩父の山々など三六〇度のパノラマが楽しめる。「新日本夜景一〇〇選」にも選ばれている。

(3) 秩父地域最古の古墳と言われている。直径約四〇メートル、高さ約七メートル。資料によると、五世紀から六世紀にかけて造られた、竪穴から横穴式への移行期の古墳。

ていく作業に、母親たちの胸は高鳴った。

「園の名前、何がいいと思う?」と、期待することなく夫に話しかけたら、即答で「花の森」だった。なんだか安直な印象だったが、「前身の幼稚園の木が大きくなって森になるのがいいじゃないか」という説明を聞いたら妙に納得できたので、みんなに提案したところ採用となった。密かに夫が考えていたとしたら、ちょっと笑えるし、うれしい。

運営や保育の担当を具体的にどのようにしていくかが、重要な検討課題となった。「親の手で育てよう」とはいえ、幼児教育としての専門性が求められる。また、人によっては自分の子どもの代弁人となったり、逆に我慢を強いてしまったりもする可能性がある。比較視点になってしまわないように、親自身が私情をコントロールするのは決して容易なことではない。

情けないことに、「保育料(二万六〇〇〇円)×五人」が月々の予算でしかない。つまり、専門性のある仕事を買い叩いた値段で提供してもらうことになる。それがゆえに、園舎の掃除や経理などは親たちが行い、先生には保育に専念してもらうことにした。そこで決まった方針が、「運営は協働で、日々の保育は先生、親はそのサポートを行う」である。とはいえ、この段階で先生は決まっていなかった

ある日、山の中で寝転んでいたとき、「いろんな命との共生」という言葉が天から降りてきた。

何より、これが生きていくうえでの究極の命題である。自分で考えたわけではないこの言葉、先祖とか先の世界の人が導いて授けてくれたものかもしれない。

　別の日、「四季の移ろいを感じる」というキーワードが創設メンバーの一人である原里香さんから出てきた。保育計画に取り上げる目的や内容を出し合っていたときである。すると、やはりメンバーの一人である飯田泰子さんから、デンマークで生まれて日本各地に広がっている「森のようちえん」(4)が私たちの方向性に似ているという話が出た。みんな、家庭でこれまでやってきた自然の循環を取り入れた内容を保育計画に取り組もうとしていただけに、「森のようちえん」にそのエッセンスがあるような気がして励まされた。

飯田泰子　5児の母で、長男が「花の木幼稚園」でお世話になる。次男が年中に上がる年から自主保育の道を模索する。その後、創設メンバーの一人となり、次男、三男、双子の四男と長女の計4人の親として「花の森」の運営にかかわっている。

原里香　長女が3か月の時、福島県から秩父市に移住。「花の木幼稚園」の2歳児保育から「花の森」の創設メンバーと知り合い、教育理念に賛同。前職の編集センスを生かし、会報誌「結ひ」のデザインや各種パンフレットの制作に協力している。

このような話し合いを繰り返した結果、「花の森こども園」の教育理念を次の三つにすることにした。

理　念――いろんな命との共生
活動方針――自然の中で自ら伸びる、諸感と意感（さまざまな感覚と人の痛みが分かる感覚）を磨く、違いの尊重
教育目標――自由と友愛の幸福感をもつ人となる土台を育む

「やまねこ亭」は、伊藤さんのご厚意で靴箱や水回りが新調され、階段下とトイレの脇には物入れまで造ってもらった。トイレは、ドアを上から六〇センチほどカットして、子どもの様子がうかがえるように改装してもらっている。そのうえ、なんと園バスの手配までしてくれた。なるべく、これまでの幼稚園のスタイルに遜色ないようにという伊藤さんの心遣いだった。

手分けして、連絡できるかぎりのお母さんたちにメールを送って応援を頼むと、たくさんの人が入れ替わり立ち代わり手伝いに来てくれた。食堂で使っていたソファや家具を片づけ、土足で使用していた室内の床を洗う。小さな子どもをおんぶして外壁のペンキ塗りをしたかと思うと、「やまねこ亭」の看板の裏に「花の森こども園」という文字を木の枝でつくったりと忙しく動き

回ってくれた。自宅にあった木のオモチャや絵本を持ち寄り、開園に向けての作業は順調に進んでいった。

お父さんと子どもたちが、斜面を畑にするために開墾している。その様子を見ていると、本当にここが「ようちえん」になっていくんだという現実味が帯びてきた。開墾というのは、その土を知ることであり、そこに植える作物などによってどんな暮らし向きになるのかが予測ができる。この土地に根付いて、生きる覚悟をする儀式のようでもある。

具体的に準備が進んでいくにもかかわらず、肝心な先生がなかなか現れなかった。本質が整わないのに、上物《うわもの》だけが次々と

（4）　一九五〇年代、エラ・フラタウ（Ella Flatau）というデンマーク人のお母さんが森の中で保育をしたことがはじまりとされている。スカンジナビアからドイツに広がり、ドイツ国内に三〇〇ほどある。一九九〇年代から二〇〇〇年代に日本でも知られるようになり、二〇〇五年から毎年「森のようちえん全国フォーラム」が開催されている。また、二〇〇八年一一月には「森のようちえん全国ネットワーク」も設立された。

揃っていく。身の丈に合わない豪華客船では、飾りの重さで船が沈んでしまう。なんとしても船長が必要である。

その船長は、「花の木幼稚園」にいた先生のなかから出てくると思っていた。しかし、予想通りにはいかず、先生の目途《めど》がなかなか立たなかった。でも、考えてみれば、世間の風評にさらされ、責任を負わされ、給料も払えない「ようちえん」に誰が勤めようか。今時、そんな「おバカさん」は早々いるものではない。

焦る智子さんが、「先生の目処が立ちません」と言って鯛谷園長に相談した。

「大丈夫。そのうち現れる。絶対に現れる！」

親自らがやるしかないかという最終的な状況も見え隠れしてきたが、「ようちえん」が開園することを誰一人として疑うことはなかった。

中学校を去る

二〇〇八年三月、鯛谷園長の最後となる卒園式に私は評議委員として列席した。式の最後、卒園する一人ひとりと握手をして見送っていると、主任の先生がまっすぐに私を見て手を握ってくれた。（先生、山に来てください）私は、そういう気持ちで握り返した。

その数日後、勤めている中学校の校長先生から異動の内示を告げられた。なんだか拍子抜けして、「また一《いち》からかー」と思った。

中学生の「減らず口」と「憎まれ口」は当たり前のこと。泣きながら相談室に飛び込んでくるという生徒もいる。「心の中は風邪を引いたライオン」と評されるように、思春期の心身は疾風怒濤のなかにある。しかし、その必死さはとても愛しいものであった。

家庭と学校という狭い世界で萎縮する中学生。相談室は、そんな子どもたちに寄り添う場所だと思っていたが、三階にあるその部屋は、まるで「象牙の塔」のようだった。誰かが訪ねようものなら、「誰だ？　今、相談室に入った者は？」と追いかけてくる教頭がいた。

「なんで、葭田さんはそんなにも生徒の名前を覚えるんだい？」

「名前を覚えてもらえているというのは、生徒さんにとってうれしいからです」

「えー！　僕なんか全然覚えないよ」

「教頭先生から名前で呼んでもらえたら、生徒さんはもっと嬉しいと思います」

「へぇー、そういうものかね」

こんな会話を教頭先生としていたことが、今思えば懐かしい。私の歓送迎会のとき、「葭田さんを見ていると、教員になりたてのころの気持ちを思い出すなぁー」と、最後に心を交わすことができている。

なかなか自分に自信がもてなくて、「私はいい子？　私はいい子？」と言って何度も確かめてくる中1の笑美《えみ》という女子生徒がいた。トイレでの籠城が続き、授業にも出なくなった。ある日、担任と学年主任がその生徒と面談することになった。生徒から「一緒に面談についてきてほしい」と頼まれたので、発言しないという条件で同席させてもらった。

「トイレになんかいたら、授業担当の先生に迷惑でしょう」とか「トイレで具合でも悪くなったら、対応する先生は大変です」と言った担任は、最後まで「どうしてトイレにいるの？」とは聞いてくれなかった。「だからトイレがいいんだよ」と思ったが、最後まで発言しない約束を私は守った。

中学生とは、なんと窮屈な、なんと不自由な状態で生きていることだろう。そんな環境で、中学生はよくやっていると思う。「象牙の塔」のような相談室での勤務を一年間できたのは、生きにくさを抱えた生徒たちがいたからである。しかし、ようやく築いた信頼関係を、たった一年でまた新たにつくらなければならない。こんな思いもあって、私の気持ちはすっかり「ようちえん」に向いてしまった。

異動の内示を受けた日、「通勤が困難なので退職したい」と答えると、当然のように慰留してくれたが、中1の笑美のことだけが気がかりだった。しかし、異動しても「ようちえん」にしても一《いち》からのスタートである。この時点で、中学校に留まる意味は見いだせなくなっていた。

生徒たちはどこからか人事異動の情報を嗅ぎつけるらしい。顔に書いてあるのだろうか……。

しかし、先生がそれをはっきり認めることはまずない。笑美が私にかまをかけてきた。

「やめてもいいよ。子どもが喜ぶ幼稚園つくって欲しいから。でも最後に、私のさよならの願いも聞いてくれる？」

私は「うん」と答え、彼女が言う次の二つの願いを聞いた。
①春休みにスクールカウンセラーさんと私と三人でテニスをすること。
②チョコレートフォンデューを一緒に食べること。
私は笑美と「さようなら」をし、中学校を去った。あと一〇日で、私は「花の森」に行く！

あきこ先生になる

一緒に「花の森」の開設準備をし、四月から次男の真都《まなと》くんを預ける予定の飯田泰子さんから、「真都に『あきこ先生』と呼ばせようと思います」とまっすぐな目で言われたとき、思わず襟を正してしまった。呼ばれ方など、まったくイメージしていなかったからだ。それで、改めて考えさせられた。

「先生と言われるほどのバカはなし」という言葉もあるし、対等な関係として「さん」とか「ちゃん」付けがいいのだろうかとも考えた。だが、先に生まれた者として、その責任と自覚のために、子どもたちには「先生」と呼んでもらうことにした。

しかし、子どもたちに対して話しかける場合の主語は「私は」である。自分で自分のことを「先生」と呼んだり、子どものいない所で先生同士が「先生」を付けて呼び合うことに違和感を覚えていたのは事実である。間違っているかもしれないが、私はこの感覚に従うことにした。

決めた途端いろいろなイメージがわいてきた。衣服や身なりはその人の判断で決め、子どもの前に立つ者としてふさわしいと思う髪や服で子どもに向き合おうということになった。

私が中学校での仕事の整理をしたり、保育計画などをあれこれと妄想している間、逸見智子さんと長谷川信枝さんは「花の木幼稚園」から譲っていただくものを受け取りに行っていた。園舎に車を横づけし、私たちがつくったり、持ち寄った舞台衣装や壁面、看板、時計、また鯛谷園長が製本会社からいただいた工作用の紙などといったものを譲っていただいた。

これらは、五〇年もの時間をかけて、歴代のお母さんたちがつくってきたものである。園長と運営形態が変わるから、それらを園には置いておけないという心情が卒園生のなかに生まれたのだ。

「先妻の残したものを大切にする後妻さんなんていないわよ」と言いながら、先生たちはこっそりと「花の森」で使えそうなものを持たせてくれた。そして、新年度がはじまった。先生たちの予言通り、「花の木幼稚園」の面影は少しずつ新しい園のスタイルに変わっていった。

スタート前の準備

「花の木幼稚園」から他園に移る者には、支度金として子ども一人当たり五万円が支払われた。五人の子どもたちからの二五万円、これが開園までの準備と当座の資金となる。理念や教育目標をかなえるため、定員、スタッフの数、保育計画をさらに練った。

子どもたちを迎える準備は、本当にワクワクした。子どもにとってどうなのかと考えることはなんて楽しい思索であろうか。とはいえ、いたずらに整えすぎた環境は、子どもの能力を奪うことにつながってしまうこともある。

下準備をして作業をするところは、極力子どもたちに見せることにした。興味をもった子どもは、その様子を見てかかわってくるだろう。何となくできた気持ちほど危ういものはない。そういう思わせぶりなサービスを私たちは警戒しよう。体験と失敗、どんとこい、である。

保育計画を練る創設スタッフ

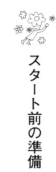

指針が描けたところで、「日本語」「生活」「文化」「自然体験」「動物」といったキーワードを挙げ、それを一つずつ具体的にしていくことにした。そうだ、いつか動物も飼いたい。それは違いを愛せる体験になるし、命の体験にもなる。命が循環していることを、どのように保育計画に取り入れようか……。こうして構想していること自体が、生きている実感にあふれている瞬間である。子どもたち、楽しみに待っていてね。一緒に「日本一のようちえん」をつくろう。

ケガと弁当は自分もち

「花の森のお約束」は次の五つにした。

- 一つの石に一人ずつ（園庭を囲むように大きな石が組まれている。この石に複数名が乗ると、肩が触れたりしてバランスを崩して危ない）
- フェンスに登らない（だから、子どもはくぐります）
- 砂や石を人に向けて投げない
- 大人の姿が見えなくなるまで離れない
- 交渉する

これ以外、「やってはいけない」ことは基本的に何もない。木の枝を持つことも、木や高い所に登ることも許されている。外から来た人がこのルールを知らないでやってしまった場合は、たとえ相手が小学生であっても教えてあげることにしている。

「花の森」で、最初に意思統一として導き出したことが「ケガと弁当は自分もち」ということである。現在でも入園を希望される方には必ず伝えており、その覚悟ができる方にかぎって入園を許可している。幸いなことに、骨折や命の危険を伴うような事故が起きたことは現在までない。

ムクゲ自然公園の職員が造ってくれた「砂場」と、保護者が造ってくれた「ブランコ」以外に遊具は置かず、自分の判断で、天気に関係なく普段から野山を駆けめぐるといった経験を重ねていると、自分たちで遊具をつくったり、自らの振る舞い方が分かるようになり、それに合わせた備えができるようになっていくものだ。

雨が降っていたり、水に入ることを予定すると長靴で行ったり、サンダルを携行したりする。しかし、雨上がりで石が滑るときは長靴を選ばない。木に登りたいときは地下足袋を選び、走るときに

は靴に履き替えるようになる。

子どもは、準備ができていなければ登らないし、飛ぶこともない。しかし、準備さえできていれば、自分の身長より高い所からでも跳ぶ（大人であればちょっと躊躇するだろう）。事実、跳べるし、思ったより遠くへ跳ぶ。しかし、転ぶことはある。転ぶことと引き換えにどんな能力が養えるかと言ったら、一つは「立ち上がる力」である。転べば、擦りむくこともあるだろうし、打ち身で痣《あざ》をつくることもあるだろう。だけど、立ち上がってくる。そこで、充分ねぎらってあげる。

これから生きていくうえで、立ちふさがる壁や困難と出合い、精神的にも肉体的にも「転ぶ」ことが誰しもあるだろう。そんなときに必要なのは、転んで起き上がった自分に共感してくれる人の存在と、自分で立ち上がったという経験の積み重ねではないだろうか。転ばないように、失敗しないように、子どもが歩く先々に手を出し、転べば「かわいそう、かわいそう」と言って抱き起し、胸に抱いて泣かしていたのではそのチャンスを逃してしまう。

「あっ、転んだ」と思っても、その転んだ状況によっては、ちょっと目をそらして任せてみる。子どもは、泣こうかどうしようかとしばらく考えて、「誰も見てねぇし、起きるか」と、何事もなかったように起き上がったりするものだ。

そこですかさず、まるで今気が付いたかのように、「あれっ、転んじゃったの？　痛かったね。よく立ち上がったね」とその意志を認めてあげると、うれしくなってすぐにまた走り出していく。

自己中心性は自己再起する力でもある。

小さなケガと引き換えに手に入れるものの二つ目は、「取り返しのつかない大きなケガの回避」である。小さなケガでも他者に責任を負わせ、擦り傷一つに親までもが傷ついてしまうくらいなら家から出さなければよい。それをふまえてか、「花の森」のお母さんたちは実に大らかに子どもを野に放っている。だから子どもは、自分の体を自分の意志で使えるようになっていく。

「おしるし」の準備を終えて開園

靴箱やロッカーに貼られる「おしるし」とは、名前の代わりとなるマークのことである。子どもの誕生日や名前、そして雰囲気から判断して、自然界の意匠から選ぶことにした。

この世界には、人間以外にもたくさんの美しい、雄々しい、しなやかな、ひたむきな生き物が存在している。これらの美しいものたちとともに住む星、それが地球である。それらと出会うことを目的として「おしるし」を選び、その絵を「花の木幼稚園」の元保護者で画家の宮前優子さんにお願いした。子どもたちは、在園中、自分の相棒となる生き物の物語と出会っていくことになる。

「子どもにとってどうか」を合言葉に開園式の準備が無事に整い、なんとか間に合った。四月一〇日の開園式に続いて四月二六日の入園式では、信枝さんの夫で、私の高校の同級生でもある明生君が立て看板を書いてくれた。さすがに書道が得意なだけある。

佳代子さんがつくってくれたコサージュを胸に、少し緊張している様子の子どもたちが目の前にいる。とはいえ、見慣れたおじさんやおばさんに囲まれてうれしそうでもある。明日から子どもたちとの生活がはじまるこの部屋には、ロッカーと、智子さんが持ってきたオルガンがあるくらいでガランとしたものだ。

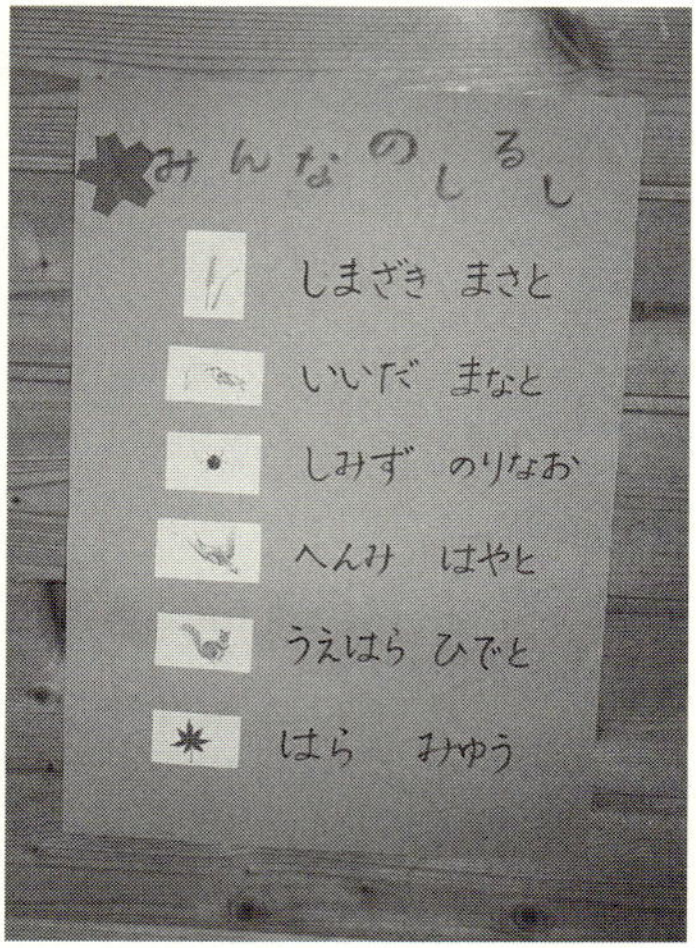

子どもたちには、心をこめた「おしるし」の紹介に次いで、最大三年間にわたって遊びつくす仕事道具としてスコップがわたされた。恵まれた環境のなか、窮屈に自分を押し込める必要もなく、ありのままを表現することができ、好きなことに没頭できるこの「ようちえん」に入園した子どもたちを紹介しておこう。

しまざきまさと（年長）五月一五日生まれ。「おしるし」は麦。穏やかなまぁちゃん。たった一人の年長さん。一粒の麦は、おだやかな柔和の種です。まぁちゃんがいることで、みんなの心のなかに柔和の種が蒔かれていきますように。

いいだまなと（年中）九月二日生まれ。「おしるし」は稲穂。米はどんな食材とも合い、人にとってなくてはならない命のもとです（飯田の「飯」という字は、食と米を意味している）。稲穂の実るほど頭を垂れる謙虚さは美しいです

しみずのりなお（年中）三月二六日生まれ。「おしるし」は天道虫《てんとうむし》。小さくて心をなごませる虫だけど、天に向かって堅実に歩き、天に向かって飛んでいきます。人にとっても、アブラムシを食べてくれる益虫です。

へんみはやと（年中）五月九日生まれ。「おしるし」はツバメ。人の近くに住まうツバメの子育ては、家族みんなが協力して育てるという幸せな育ちです。

はらみゆう（年少）一一月二九日生まれ。「おしるし」は楓《かえで》。秩父にたくさんの種類がある楓は剪定を嫌います。本人の意志や伸びようとする方向を大切にして、育って欲しいと願いました。

仕事道具

2008年の入園式

希望しかないというのは、こんな日のことを言うのだろう。

「葭田さん、なんか資格をもってないみたいよ」とか「半年もてばいいんじゃない」と言って、あることないこと話題にしてくれた人にも感謝だ。仲間が壁になり、準備の最中に私の耳に入らないようにしてくれていたおかげで、反論にムダな時間を割かずにすんだ。資格に胡坐《あぐら》をかくことがどれほど危ういものか、これまでさまざまな場面でリアルに見てきただけに、声を大にして次の言葉を言いたい。

「花の森こども園に参加する人は資格ではありません。資質と責任です」

年少「梅組」一名、年中「桃組」三名、年長「桜組」一名、計五名。クラス名は花が咲く順番になっている。「花の木幼稚園」からの五〇年の伝統を、二〇〇八年四月一〇日、引き継がせていただいた。

「みなさんがここへ来て、子どもたちの声が響いて山が喜んでいます」と挨拶してくれたのは、来賓として出席していただいたムクゲ自然公園の園長である伊藤初枝（伊藤嘉規《よしのり》さんの奥様）さんだった。最高の祝辞、これからも忘れることは絶対にない！

第2章

勇気、元気、本気

（2008年）

祈りと呪い

開園して二日目、山に入った。子どもたちは野に放した瞬間、偉大な冒険者になっていく。子どもが発見したことや、その時々の山の情報をメモして保育計画を深めていくと、山で出会うことの大まかな予測がつくようになる。その予測は、子どもの目線や感性で次々と変化していく。それが面白いし、二度と同じことがない。

桜が六分に開くのを待って塩漬け、ヨモギ団子、梅干しや梅ジュース、へびいちごの虫刺されの薬、生き物との暮らし、いずれも自分の子どもと親しんだ山里の生活がそのまま保育計画になっていく。そこには、循環への祈りが生まれてくる。

山の神様にお礼

子どもたちのフィールドの中心となったムクゲ自然公園には、山に入っていく途中に「山の神」の祠がある。秩父土建の会長でもあった伊藤嘉規《よしのり》さんがご存命中は、毎朝、鳥居の奥の小さな祠にきれいな水が供えられていた。山で遊ぶときには、必ずここで手を合わせてから山に入る。帰りも、無事に下山した報告とともにお礼をしている。

「けがをしないように まもってください」、「いっぱいあそべますように」、「五さいになれますように」、「さかでころんだけど、つよかったです」、「ぶじにいってきました」と、子どもたちは帽子をとって思い思いに手を合わせている。

「花の森」は特定の宗教に拠っていないので、子どもたちがおじゃまするフィールドに八坂神社があれば八坂さまに、札所があればお寺に手を合わせている。自分をめぐる幾多の万物のなかに神が宿っていると感じられることが、人間以外の他者とのつながりや感謝と畏敬の念を育んでいく。

新緑に包まれて、恵まれた環境と子どもたちの生活がつながるようになって、一日の流れが整いはじめたころ、ある事件が起こった。

「私、今日、ようちえんには行けない。父が、ようちえんの猫の顔を今日中に塗りつぶさなければ、ようちえんを潰すって言うの」と、長谷川信枝さんが涙声で電話してきた。

「ようちえんの猫って、屋根のこと？」

「そう。こんな姿で子どもの前に行けない」

なんだか要領を得なかったが、どうやら大変なことになったようだ。タイムリミットがあって、

「花の森」は壊されてしまうらしい。

信枝さんのお父さん、つまり伊藤嘉規《よしのり》さんはこの山の持ち主であり、私たちの大家さんである。普段は、「花の森」の上にあるUFOのような建物にいる。前述したように、食堂を園舎のように改装してくれた人であり、「この山を歩くと強くなる。最高の遊び場だ」とおっしゃっていた伊藤さんが、なぜ急にそんなことを言い出したのだろうか。

確かに、園舎の屋根は黒い猫の形をしていて、顔も描いてあるが、これはそもそも前身の「やまねこ亭」のときからのもので、私たちが手を加えたものではない。いったい何があったのか。子どもたちをつれて園舎を出ると、すでにブルドーザーが園舎を見下ろすように停まっていた。

UFOの横にある「森のホール」という建物に伊藤さんを訪ねると、中折れの帽子を深く被ってタバコをくゆらせていた。貫禄のある実業家の姿はなかなか厳しいものがあり、気軽に話しかけられない雰囲気を漂わせていた。取り込まれないように、できるだけ無防備な声で「こんにちはぁ。いつもお世話になりま〜す」と挨拶をすると、五人の子どもも「こんにちはぁー」と無邪

気な言葉をかけて伊藤さんの周りを囲んだ。

「あのぉ、猫の屋根のことでぇ……教えていただきたいのですが……」

「黒猫は悪いっ！」と、本当に悪そうにおっしゃる。

「黒猫は縁起が悪い。韓国では、黒猫が生まれると不吉なので、目も明かないうちに土に埋めてしまうんですよ。そんな黒猫の顔がある屋根なんてもってのほかだと、たくさんの人に言われた。あれはなんだとね。あれはねぇ、よくないねぇ、恐ろしい」

「そうなんですか。黒猫は不思議な魅力があると思っていましたが、韓国では不吉なんですね。初めて聞きました」

「だから私は、のぶちゃん（信枝さんのこと）にあの猫の顔を塗り潰すように言ったんです。いいですか、不吉な黒猫があそこにいたら、山全体がそのうち不吉なものに覆われていきますよ」

「会長、お言葉を返すようですが、あの屋根は『やまねこ亭』からのものでして、会長のご意向でつくられたのではないですか。今、のぶちゃんにそれを言うのは……」

「そんなことはどうでもいいんだ。黒猫の、あの顔は絶対潰さないとダメなんです」

「顔を潰すというのは、日本ではあまりよい作法ではありませんが……」

「あの顔は駄目です！」伊藤さんは首を横に振った。

「では、縞を入れてトラにするというのは……」

もう、いよいよ辛抱ならないという領域に入ってしまったようだ。

「あのね、黒猫の顔は潰すこと！　ようちえんの入り口にあるブルドーザーを見たでしょう。時間までに猫の顔を塗り潰さなければ、あのブルドーザーでようちえんを壊す！　いいね！」

「時間は何時でしょうか？」

「夕方の四時。ところで、あなた、私と話をするために子どもを連れてきましたね」

（まずい、こちらの作戦を読まれていた）

「ありがとうございました。おかげでよく分かりました」

子どもがそばにいなかったら、これほど落ち着いて私と話してはくれなかったと思う。誰かから園舎の黒猫の屋根について御注進があり、いてもたってもいられない心境になられたようだ。一方、子どもたちは、「壊す」「塗る」「猫だ」「トラだ」だという言葉を断片的にとらえていただけで、不安を感じている様子はなかった。

「明日もようちんあります。また明日、さようなら」

いつもの通り「さよなら」をすると、子どもたちは軽やかな足取りで大きく手を振ってバスに乗り込んでいった。

ゆっくりとはしていられない。タイムリミットまで二時間しかない。泣きはらした目をしている信枝さんは、子どもたちが帰ったころを見計らって、屋根を造った大工さんと二人で急勾配の屋根に梯子をかけて、泣く泣く黒猫の顔を塗りつぶした。私は上の畑から、「それじゃ〇《まる》がくっつきすぎる、もう少し右、いや左」と声を出した。それを受けて、不安定な足場にもかかわらず、信枝さんの腕は大きな弧を描いていた。その結果、黒猫は背中を向けた、不思議な丸模様の黒三毛に生まれ変わった。何とか四時に間に合い、ブルドーザーは出場することなく、翌日も普段通りの朝を迎えることができた。

ようちえんの屋根を見た子どもたちの第一声は、「あれ？トラじゃなかったかぁ」とか「トラがよかったんになぁ」であった。どうやら子どもたちは、猫の柄をどうするかに一番関心があったようだ。興味のあることを記憶している、それが子どもなのかもしれない。

黒猫騒動が一段落し、秋になって木々の葉っぱが落ちはじめると、国道140号線から「ようちえん」の黒猫の屋根が見えることがある。黒猫と目が合ったような気がして、私は思わず二度見した。

「そうなのよ。顔を潰すのはどうしてもいい気持ちがしなくて……。猫の顔は、山側と国道側の両方にあったんだよ。あ

黒三毛になった園舎

の日、屋根に上ってみたら、反対側にも顔があることが分かって、それで片側だけ塗ったの」と信枝さんが言ったことは、伊藤さんにはもちろん内緒である。山の神は丁度いい加減で伊藤さんの気持ちを鎮め、子どもたちの笑顔も守ってくれたようだ。

おべんとう

「花の森」では、お昼ごはんは親が持たせたお弁当としている。幼い子どもたちにとって、お弁当は親の分身でもある。三歳で初めて親元を離れた子どもたちにとって、お弁当はお母さんの代わりに子どもたちを勇気づけてくれる存在なのだ。

　とくに年少のときには、お弁当を広げたあと、もうひと頑張りできることが多い。だから、子どもたちの基盤となる家庭生活と安心がお弁当に詰められてあることが望ましいと思っている。また「花の森」では、それぞれがお弁当を持ってくることを、自己と他者が違うことを具体的に体験し、自他を認める体験になるとも捉えている。

「自分のお弁当が一番だけど、友達のもおいしそうだな」と思ったり、同じ卵焼きが入っているのが嬉しかったりもする。お母さんの体調が悪いときには、お父さんや別の家族がお弁当をつくるときもある。お父さんがつくった焼きそばにウインナーが横たわっている「茶色いお弁当」も最高だし、コンビニ弁当のときもある。雨も降れば照る日もあるように、それも人生なのである。

こんなことで母親が完璧を目指したり、落ち込む必要はない。親は三年間で約六〇〇食のお弁当をつくることになる。このお弁当を、水戸黄門の印籠ならぬ「かかさまの印籠」と私は呼んでいる。いざというときには、「私があなたの体をつくり、大きくした」と胸を張って子どもと対峙してほしいと思っている。


聖人《まさと》の場合、食事のときになると横になったり、フラフラ歩いてしまうので、レストランによくある子どもの椅子席を「王様の椅子」としてテーブルに用意したら、そこにちょこんと座るようになった。聖人のお母さんは体が弱いこともあって、あまりお弁当づくりが得意ではなかった。手づくりのお弁当が広げられるなか、コンビニのおむすびとカップラーメンという日が続いた。

「それでＯＫ！　お母さん、持たせてくれてありがとう」

これが、お母さんへの一貫したメッセージだった。

ラーメンの香りが食事の時間に漂うことが多かったが、聖

楽しいお弁当

人は喜んでよく食べたし、周りの子どもたちも、「まぁちゃんは、いつもかったものだ」とか「まぁちゃんだけずるい」と言う子どもはいなかった。

いつのまにか、聖人《まさと》のお母さんは白いご飯も持たせてくれるようになり、カップ麺の仕上げに白ごはんを入れて食べていた。

麗人のいた夏

六月のある日、一人の女性が「ボランティアをさせてほしい」と「花の森」を訪ねてきた。六〇歳ぐらいの、短髪で背筋がピンと伸びてシャツの襟を立て、颯爽とした麗人のたたずまいを備えていた。どこかで関心をもってくれている人がいるんだなぁーと、ちょっとうれしい驚きでもあった。

阿部《あべ》汐美《しおみ》さん。洋服のデザインや仕立てのプロで、若いときには三島由紀夫の芝居衣装を担当していたという。霊感があるとかで、汐美さんにはいろいろな落ち武者なんかが見えるらしい。「怖くなるから言わないけど……」って、そこで黙られるともっと怖い。また、蚊が大嫌いで、自前の蚊取り線香を持ってきてはそこらじゅうで焚いていた。

舞台の第一線でパターン通りにきっちりと生地を裁断し、体にあった服をつくってきた汐美さんの目には、駆け出しの私たちの保育は甘々で、しっちゃかめっちゃかに映ったことだろう。また、学童保育室に勤めていた大久保はるみさんに向かって汐美さんは、「よしだあきこがもう一人いるわね」と言ったという。動き出したものの、運営スタッフにはまだまだ自覚も主体性もそろっていない状態であった。

　想い一つでこぎ出したものの、なんの実績も自信もないことにピントが合ってしまうというときがある。自分の想いや保育の趣旨を、仲間にうまく伝えることができない。もし、それらをやみくもに言葉にしたら、怖気づいて誰もついてこないだろう。何をするにも先立つものがなく、「手づくり」と「持ち寄り」を楽しむ一方で、ふと言い知れぬ不安と責任に押しつぶされそうになった。しかし、弱音は絶対に吐けなかった。ただ、汐美さんにはそこを見透かされているようで怖かった。

　徒労を重ねながら信じたことに胸を張り、弱みが強みに熟成するには時間が必要だった。心が折れそうになったとき、鯛谷園長の声が聞きたくなる。

汐美さん（右）

「あなたに欲が出てきたからよ」と冷静に分析してくれたかと思えば、「学び舎は絶対になくしてはいけないの」とプレッシャーをかけてくる。お母さんたちも、「四月にちゃんと居場所ができて、毎日、ようちえんに通えるだけで幸せです」と言ってくださる。目の前の子どもは、寸分も私たちを疑わず駆け寄ってくる。「ほら、だからもう充分じゃないか」という声を打ち消すように、「よくない。こんなもんじゃない」という心の声が聞こえてくる。一〇月、運動会を迎えるころ、こんな不安定な気持ちがもっとも膨らんでいた。

園舎の前は決して広いとは言えないが、やや縦長の一周六〇メートルほどのトラックがとれる。演出の小道具も、用具も買うお金がないから、万国旗なども六人のお母さんたちと子どもとともにクルーでつくったものである。

初めは親しみのある国旗を描いていたが、各国旗には太陽、大地、空、民衆の理念や独立した際に流した血といった意味があるということが分かってくると実在しない理想の国の旗を描くようになり、それらが各国旗に混ざってはためくことになった。

玉入れの籠は百均ショップで買って、竹の棹にくくりつけた。紅白の玉は、新聞を丸めて紅白のガムテープでくるんだ。子どもが投げるのに持ちやすく、重さも大きさも手ごろで、投げやすいだけでなくよく飛んだ。紅白リレーのバトンは、ラップの芯にビニールテープを巻いたらちょうどいい感じのものができた。

年長の聖人《まさと》を中心としたお遊戯には太鼓が必要だった。汐美さんが丸めた大きな段ボールの両端を絞って鼓の形にし、綺麗な太鼓に仕上げてくれた。しかし、それきり来なくなってしまった。実母の介護がはじまり、宮城県の実家と行ったり来たりの生活をしなければならなくなったという。やむを得ない理由であることは理解しているが、現状を客観的に見られる方だっただけに、なんだか見放されたような気がして落ち込んでしまった。

運動会当日、徒競走では、大好きなお父さんやお母さんが向こうで両手を広げて待っている。思い切り胸に飛び込む、それがその子どものゴールだ。五月に聖人のお父さんと畑にサツマイモを植えていたので、このサツマイモを使って「芋

芋ほり競争

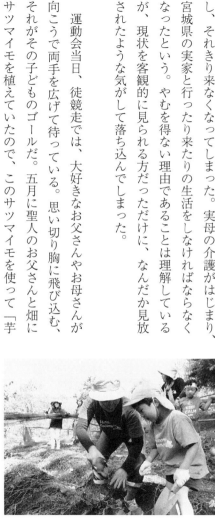

ほり競争」というのを考案した。畑まで親子で走っていき、芋を掘って帰ってくる。速さと重さを競うリレーである。これはとても好評で、「花の森」のオリジナルプログラムとして地位を不動のものにしている。

運動会に汐美《しおみ》さんの姿はなかったが、相談員をしていたときに二つの約束を果たしてお別れをした笑美（三六ページ参照）や、同じく中学校でかかわった美樹のお母さんである栗原葉子さんがそれを補うように用具スタッフとして大活躍してくれた。調理師で大型のダンプも操れる葉子さんは、その後もクルーとしてバスの運転手や調理担当として「花の森」の保育を支えてくれた。

「花の森」は多様な人の登場に助けられて物語が紡がれていく。その価値に気付いていながら、不覚にも、休憩時間にクルーの前で泣いてしまった。子どもたちは、確かに生き生きとして素晴らしかった。しかし、子守ではない。教育としてどうなのかに拘れば拘るほど夜も休みの日も時間と労力を注ぐことになり、私は孤独感に苛まれた。

栗原葉子　調理師。大型自動車免許をもつ。長女が中学の不登校を経験した時に葭田と出会う。後日、葭田と再会し、「人手が足りない」の言葉を受けて「花の森」のクルーとなる。「同じ釜の飯の日」と園バス運転を担当。長女は高校卒業後、「かなりや」の活動に参加したほか、NPO の運営にもかかわる。その後、親子ともに地元企業に就職。

四年ほどの介護生活を経て、お母様を見送った汐美さんが秩父に帰ってきた。今でも、洋裁コンサルタントとして困ったときには頼りになるサポーターである。いつか、私の守護霊は誰なのかと尋ねてみたいと思っている。なんとなく、人間ではないような気がするのだ。

はじめの一歩（1）

浩人《ひろと》は、もうすぐ七月になるという時期に年少で入園してきた。小柄で、少しオドオドして周りをうかがっていたが、意志の強そうな瞳をしていた。しかし、みんなが歓声を上げる水遊びには臆病になっている。

もちろん、浩人が特別臆病なわけではない。水は、砂場によし、凍らせてよし、流してよしと変幻自在の楽しい子どもの友だが、子どもによっては、顔にかかった瞬間に恐怖に代わるというものでもある。

浩人は一人室内に残っていた。だからと言って、「花の森」に来て日の浅い浩人には、室内で夢中になれるだけの遊びが見つからない。一人だけ水に入れないもどかしさを感じているのだろう、室内遊びにも集中することができなかった。無理に誘うことはしなかったが、楽しそうな声が浩人に届くように窓は全開にしておいた。

何も手につかず、落ち着かない浩人《ひろと》に、「一緒に船でもつくってみる?」と誘ってみた。すると素直に同意して、ようやく居場所を見つけたかのように嬉々として牛乳パックを使って船をつくりだした。

翌日、浩人が紙遊びをしている窓の横までプールを移動した。「どうして きょうはこっちなん?」と勇斗《はやと》が言う。

「いいでしょう。今日は岩場のプールにしてみたよ」

早速、その環境を生かして、岩の上からジョウロで水を流してみたり、岩から飛び込んだりと、遊びを次々と展開していく。すると、プールで遊ぶ勇斗と浩人の目が合った。水に入れない負い目を感じながらも、船をつくったことで巻き返しを図るように浩人は「ふね、つくったんだよ」と胸を張った。

勇斗がすぐに、「スゲー! もってこいよ。うかべようよ」と浩人を誘った。浩人が嬉しそうに長靴を履いて外へ飛び出していった。そして、自慢の船を浮かべると、ついに長靴から足を抜いてプールに入った。先生たちから声を殺した歓声が上がり、浩人に気付かれないように音のしない拍手が起こった。その日が、最後のプールの日だった。

この夏、浩人は自分で一歩を踏み出した。ささやかな一歩だが、「やってみろ！」とか「頑張れ！」と他者から手を引かれたものとはまったく異なる一歩である。大人が待ってさえいれば、子どもは自分で、あるいは仲間との関係性のなかで「はじめの一歩」を自ら決めることができる。その一歩こそが「自信を育む一歩」となる。

翌年、浩人は、我先に水着に着替える子どもたちのなかにいた。

遊びの流儀

私が育ったころの秩父では、友達の家に行って玄関も開けずに「○○ちゃん、あっそぼ！」と外から呼んだり、遊びに入れてもらうときには「加て《かぁ》〜て」と言っていた。断わられるときは、顔も出さずに「あーとでね」と言われたのだが、そんなことでいちいち落ち込むことはなく、次の遊び相手を求めてふらふらと出掛けていった。

年長の「まあちゃん」こと聖人《まさと》は、いつもニコニコして穏やかな子どもだった。少し言葉がゆっくりで、生活の情報を読み取るのにも時間がかかったため、生活が不安にならないように写真や手づくりの絵カードを使ってこれからやることなどを伝えていた。すると、「これね、これ」

と言って納得して動いていた。

友達に関心があっても、経験がないのでどうしたら仲間に入れてもらえるのかが分からなかった。友達が段ボールの「おうち」をつくって「わたしのおうちごっこ」をして遊んでいると、その中にお手玉や紙を投げ込んでしまうという日が続いた。みんなはそのたび「キャーキャー」と騒いでしまう。ある日、その「おうち」に大きな張り紙がされていた。平仮名で書かれていないので「なんて書いてあるの?」と尋ねたら、「まぁちゃん、おことわり」だと言う。

「えーーーーー!」

早速、張り紙を書いた子どもたちに事情を尋ねて、どうしたら聖人も入れてもらえるのかと聞いてみた。

「じゃましなければ、いれてあげる」

そうか、しかし聖人《まさと》には邪魔をしているという自覚はない。キャーキャー騒がれることで、自分も「わたしのおうちごっこ」に参加しているだけなのだ。それで聖人に、お土産を持って「わたしのおうち」を訪ねてみてはどうかと提案してみた。

お土産は何にしようかと一緒に考えた結果、紙遊びが得意だった聖人は紙でドーナツをつくることにした。厚紙を切ってドーナツ形にし、クレヨンでチョコレートをかけたり、色紙を細かく切ってチョコにスプレーをした。おいしそうなドーナツができて、自作の紙袋に入れて「ごめんくださ～い」と言って「わたしのおうち」に遊びに行った。

子どもたちは、お土産の手づくりドーナツをとても気に入ったようで、お茶をごちそうしてくれた。こうして、張り紙ははがされた。

聖人は、何度も何度もお土産を持っては遊びに行った。聖人にとっては、紙で信号だとかおみくじだとかをつくって、相手がびっくりしたり楽しくなるようなお土産を持っていくことが「あーそぼ」とか「いーれて」という非言語コミュニケーションになった。子どもたちも、それを楽しく理解した。

夏、水遊びのとき、ペットボトルに千枚通しで穴を開けてシャワーにし、紐を付けるとクルクル回って楽しい。しかし、六人（六月末に一人入園）の子どもにペットボトルを二つしか用意しなかった。子どもというのは、新しく見たものを一度は手にして遊んでみたいものらしい。そこで、二つのペットボトルをめぐって四人で取り合いになった。

「みゆう（心悠）ちゃんがとろうとする」とか「ぼくもあそびたい」となり、話し合いをすることになった。すると、「順番」とか「じゃんけん」などの意見が出てきた。ところがそのとき、先に持っていた真都《まなと》がみんなに提案したルールは「早い者勝ち」だった。

意味をちゃんと理解できなかったのかもしれない、聖人や心悠《みゆう》は反対をすることもなく、そのルールを受け入れた。

空に放たれた二つのペットボトルが落ちると、エサに食いつく鯉のように真都《まなと》と勇斗《はやと》が手に入れた。勝負は一瞬だった。聖人と年少の心悠はその場に立ち尽くしたままである。みんなで決めたルールは絶対なのだ。このとき、二人は身をもってこのルールを体験したことになる。だから、真都と勇斗がうっかりペットボトルを手放した隙を見逃さなかった。今度はカエルが舌でハエをペロリと捕るような速さで、ペットボトルをつかんでいた。

「ずるい!!」と真都が言う。しかし、今度は聖人《まさと》も負けてない。

「これ、はやいものがちね」

肩を落とす真都に、私は聞いてみた。

「どうして早い者勝ちというルールを提案したの?」

「それなら、かてるとおもったから」

「じゃ、相手がお兄さんのみずきや勇斗だったらどうした?」

「じゃんけんかな」

子どもはすごい策士である。とはいえ、諸刃の剣でもある。初めは利己的な流儀で都合がいいと思っても、結局は遊び自体の楽しみがなくなることを知っていく。そして、楽しい遊びにはフェアが保障されているということを経験していく。

韓国のチャンさん

二〇〇八年の夏、韓国の檀国《ダンコク》大学（1）の教授で、「ＮＰＯ法人私と出合うう森」を設立され、長きにわたってヨーロッパの「森のようちえん」を研究されてきたチャンさん（Hee Jung Chang）がインターネットで「花の森」を見つけて訪ねてきた。韓国出身の伊藤嘉規さんが所有する山に「花の森」があるということに、親しみと興味をもたれたのかもしれない。

韓国でも、国をあげて「森のようちえん」を造っていくという。競争社会ゆえの教育産業の煽りを受けて、子どもの発達において弊害が多くなり、不登校、ニート、親子殺人などが問題になっているとも言っていた。このままでは、韓国の未来を担う人材の教育がままならない状態となる。なんとかしなければならないと、「森のようちえん」をつくる動きが活発になり、アジア圏にある「森のようちえん」の状況を視察しているのだという。

「花の森」を創設した前後、日本でも「森のようちえん」がはじまっている。古代文化がそうであるように、いいものは各地で同時に起こるらしい。その後、韓国では、彼女たちの尽力により、

（1）韓国の首都ソウル市に一九四七年に創立された名門の私立総合大学。ソウルと天安《チョナン》にキャンパスがある。

二〇一六年までに一〇〇〇か所もの「森のようちえん」の拠点がつくられている。

「しばらく日本に滞在して視察する。ほかに、『森のようちえん』を知らないか?」と聞かれたので、長野県で三〇年以上にわたって「森のようちえん」をつくり上げてきた日本の「森のようちえん」の先駆者とも言える「こどもの森幼稚園」[2]を紹介した。そのあと、子どもたちと山に入り、季節のものを種類ごとに地面に集めていく遊びを教えてくれた。

「これは?」

「COSMOS」

「宇宙?」

「YES」

「曼荼羅みたい」

「YES。マンダラ」

教えていただいた「COSMOS」は、「花の森」では「季節の曼荼羅」と呼んでいる。山に入ると、誰彼ともなく四季折々の曼荼羅が描けるようになった。

チャンさん(左から2人目)

命と暮らす

自然界では、カエルは雪を見ることはないし、カブトムシはサザンカの花を知らない。どうにもならないことがあって、そのなかでお互いの役割を生き切っているように思える。

外で遊ぼうと思ったときに降りだした雨。それでも行きたければ、カッパを着ていくことになる。しかし、雷では出られない。あきらめたり、気持ちを切り替えたり、明日に希望をつないだりして、自らの気持ちを立て直す。子どもは、思い通りにならない自然の絶対的な説得力と対話をし、我慢し、待ち、受け入れ、その不思議さと恩恵にときめく。

一人っ子で育った私にとって、動物たちは友であり、兄弟であった。昆虫、亀、インコ、犬、猫、リス、チャボ、金魚、それらに囲まれての生活はひたむきに命を感じさせてくれた。世話が大変なこともあるが、遊び仲間になってくれる若いころ、落ち着いた面持ちでいろんな気持ちを黙って受け止めてくれるころ、そして年老いて静かに死を受け止めていく姿は、人間には真似ができないほど見事なものである。言葉は交わせないが、心を通わせることはできる。楽しい、可愛い、

（２）　〒380−0888　長野県長野市上ケ屋２４７１の２５５４　TEL：026−239−3302

愛しい、悲しいといったさまざまな感情を呼び起こしてくれるのが命であり、意思疎通ができるという信頼を経験させてもらった。

言葉をもたないものたちとの心が通った経験や命を預かるという責任は、いつか不寛容な無縁社会に風穴を開ける力になると思っている。言語が異なっても、生活スタイルや食べ物が異なっても、共生できる証しに成りえるからだ。だから、すぐにでも「花の森」の子どもたちにこの環境をつくってあげたいと思って時をうかがっていた。

そんな矢先、バスの運転手さんだった「民宿清水苑」の清水正則さんから「ウサギを飼わないか」というお話をいただいた。これは願ってもないチャンスと、ウサギを飼いはじめることにした。合わせて、我が家にいるチャボも飼ってみたいとスタッフに相談した。

このチャボは、我が家で飼っていた親鳥が産んだものである。庭で放し飼いにしていたのだが、慣れた子は名前を呼べば茂みから飛んで出てくる。何羽いても、じっくり観察するとそれぞれ性格が違って、生活や子育ての行動観察は飽きることがない。

ウサギ小屋を造る清水正則さん

チャボとウサギが一緒に棲める小屋を清水さんを中心に私の夫らが協力して造ったが、小屋ができ上がるよりも先にウサギが来てしまった。「イチゴ」と名付けられたウサギの世話は、年長である聖人《まさと》の日課となった（序章を参照）。

時間も忘れて、虫採りに興じる子どもたち。飼育ケースにはカマキリとバッタが混在している。帰りの集まりのときに話しあうと、「山に帰そう」という意見と「飼いたい」という二つの意見に分かれた。捕まえた真都《まなと》が、「俺がいっぱい捕まえたんだから飼いたい」と言い、みんながそれを受け入れた。その飼育ケースでこれから起こる惨事のことを伝えようかと迷ったが、私はその言葉をのみ込むことにした。

翌朝、登園した真都が真っ先に飼育ケースをのぞいて、「バッタがいない！」と叫んだ。そこには、満腹で鎌を振り上げるカマキリしかいない。子どもは、初めて何が起きたのかを理解した。俺が採った虫だから自分に権限があると自己主張した真都は、「どうして、こんなことになったんだ」とうなだれた。

すぐ横で、飼いはじめたウサギの世話を年長の聖人が黙々とやっていた。ほかの子どもたちは自分の遊びに夢中で、淡々とした聖人の作業にはまったく関心を示さなかった。私は真都に、「一日もかかさず、まぁちゃん（聖人）がどんな仕事しているのか知っている？」と投げかけた。

翌日、登園した真都《まなと》は聖人《まさと》から目を離さなかった。ほかの子どもたちも、聖人が奥の部屋へ消えると一斉についていった。そして、戻ってくるなり、私に「まぁちゃんは、まいあさ　あれをやっていたんだ」と言った。

「飼う＝命と暮らす」とはどういうことなのか。バッタやカマキリの食性や生息環境を知らない子どもたちは、虫をモノのように所有していた。しかし、聖人の仕事ぶりを見ることで、それが間違いであることが分かったようだ。

みんなの尊敬がおとなしい聖人に集まるようになり、真都は虫採りを大いに楽しんだあと、元の場所へ放すことを小さい子どもたちに提案するようになった。

また、ある日のこと。大きなトノサマバッタを捕まえて得意になっていた渉《わたる》に、「みせて！」とか「かして！」と、みんなの注目が集まった。「おれのだぞ！　おれがつかまえたんだぞ！」と得意顔でトノサマバッタを胸につけて「おれのバッタだ」と胸を張った瞬間、バッタが大きく跳んで着地した。「あ〜おれのバッタ〜」、前のめりになって捕まえようとすると脇からチャボが

カマキリだよ

走り寄り、一撃でトノサマバッタの頭をふっ飛ばしてひと飲みにした。残ったのは、ピクピク動いているトノサマバッタの頭だけである。

一瞬の出来事と想定外の結末に子どもたちは息をのんだ。渉は茫然とその場に立ちすくみ、「おれのバッタだったのに……」とつぶやいた。「残念だったね」と、私は渉の肩をポンと叩き、「それにしても速いなー」とチャボに声をかけた。

支配する、所有する、という意識をもって人が他者と生きていくことはできない。子どもの腹の底にズドーンと突きつけられた事実、自然界から受け取るのは、このようなライブな諸感覚である。それは、人間の言葉で伝える以上の説得力をもっている。

憧れの年長

かつて、体育会系の学生が置かれている立場のたとえとして、「一年は奴隷」「二年は平民」「三年は貴族」、そして「四年は神」というのがあった。「人権」という言葉などが通用しない別世界のことのようだが、憧れや尊敬という意味で言えば、「ようちえん」における年長は「王様」となる。

おやつは梅組から、チャレンジは桜組からというように、年長には当番や探検に出掛けるときには「頭《かしら》」や「殿《しんがり》」という役割があって、チャレンジの場面に遭遇しやすいようにしている。年長になると体格も大きくなり、遊びも充実したものとなるが、自然が相手の「花の森」では思い通りにならないことも多い。

そんなとき、年長の子どもはどのように対処していくのか。ほかの子どもたちをリードする様子を見ていると、責任感というものを自覚し、人間として成長していく時期であることを感じる。頼もしく思える年長は、私たち大人にとっても楽しみな存在となる。

唯一の年長である聖人《まさと》が、いよいよ卒園するというシーズンになった。この時期、「学校が待っているねー」と言えば顔がほころぶものだが、聖人は「どうして、ぼくだけバイバイ？」と言うようになった。

「まぁちゃんは学校に行くの」

「がっこう？」

「そう、お兄ちゃんと一緒に学校に行くのよ」

「や〜だぁ〜よ。や〜だ！」

どうしたらうまく伝わるのだろうか、と頭を悩ませたことを昨日のことのように覚えている。

卒園式の前日、聖人が世話をしていたチャボのヒナが孵った。朝一番に気付いた聖人の口元が思わずほころんだ。親チャボは、卒園祝いとして聖人に新しい家族を見せてくれたのだ。

「ハレの日」として、改まった服装で登園した聖人はなんだかソワソワしていたが、「卒園児入場」という言葉を耳にすると、先生の後について堂々と入場してきた。拍手で迎えられた聖人は恥ずかしそうに椅子に座り、名前を呼ばれると大きな声で返事をして、両手でしっかりと卒園証書を受け取った。

式の最後、私は聖人のために描いた絵本を読んだ。得意の紙遊びのこと、チャボやウサギの世話を欠かさずやり遂げてくれたこと、クリスマス会でお芝居をしたこと、お弁当の包みを結べるようになったこと、味噌づくりのときには真都《まなと》のエプロンを結んでくれたこと、そして、いつでも遊びに来ていいことなど、聖人が「花の森」で遊びつくして小学校へ巣立っていくという物語であった。

読み終えた絵本を聖人にわたし、退場の曲がかかると聖人は一礼してクルリと踵を返し、振り返りもせずに一人で拍手のなかを歩きはじめた。在園児一人ひとりと握手をし、先生たちに抱きしめられたりしながら笑顔で前を向いて歩いていった……と思う。実は、涙でぼやけて聖人の姿がちゃんと見えていなかった。

聖人のお父さんは、「ようちえんで聖人を兄貴にしてもらった」と挨拶された。たしかに、在園児たちは聖人の晴れ姿を憧れの対象として見ていた。聖人が兄貴になれたことは、彼自身の成長であるとともに、あとに続く年中、年少の子どもたちに素晴らしい影響を与えてくれたと思う。

「『花の森』一期生、しまざきまさと、　卒園おめでとう！　そして、ありがとう！」

この年の二月二五日付の保育日誌を読み返してみたら、「何も技術がないので、心しかこめられなかった」と記してあった。

長い一年だった。私たちは、たった一人の子どもに対してだが、ようやく責任を果たすことができたのかもしれない。

「花の森こども園」の第１回卒園式（2009年３月22日）

第3章

命が寄れば 物語がはじまる

（2009年）

同じ釜の飯の日

「花の森」がスタートしたときには、飯田泰子さんを中心に「調理の日」というものを設けていたが、それを一歩進める形で園の行事としたのち、二年目は保育計画として週に一度の「同じ釜の飯の日」を設けた。これは、園児が田んぼで収穫した米を使って、持ち寄った野菜などの素材について言葉を交わし、自分たちで刃物や火を扱って調理するといったものである。なんでもいいのでお弁当の代わりに一品持ってきて、素材が口に入るまでを経験する日となる。

子どもたちは、持ち寄ったもので料理をし、それを語らいながら食べることで野菜や調理、そして食事というものに関心を抱くようになる。ただ食べるだけでなく、調理は化学といわれる食事の全行程（調達から片づけ）にかかわることで得られる経験は想像以上に有意義なものとなる。毎週、どんな野菜が集まるかと楽しみだが、たとえて言えば、冷蔵庫の中にあるものでご飯をチャッチャとつくってしまうお母さんの手料理といったところである。

この日は、有志のお母さん方にも参加していただき、調理サポートをしてもらいながら改善を続けている。子どもたちが大きくなって、どこかで「同じ釜の飯」という言葉と出合ったとき、「花の森」で過ごした日々のこと思い出してくれればうれしい。

「同じ釜の飯の日」の様子

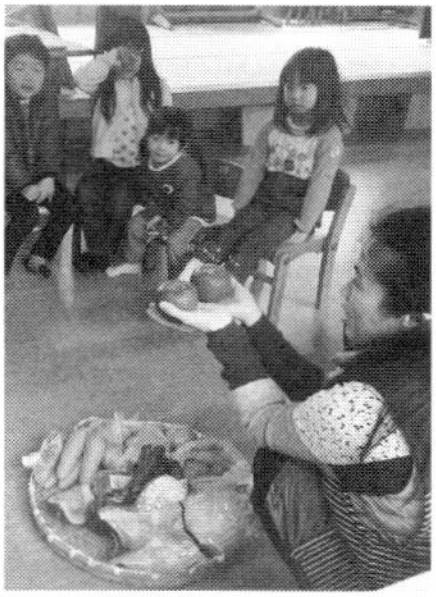

食材の紹介

野菜を洗う

タマネギをむく

リンゴをむく

薪運び

火を付ける

煮る

よそう

洗い物

純《じゅん》は、見通しが立たないことにはなかなか挑戦しないという子どもである。「だるまさんが転んだ」という遊びで、鬼に向かって「はじめの一――歩」と前に出るときにも後ろに一歩下がってしまうぐらい、できそうにもないことにはチャレンジしない。しかし、本来はひょうきん者で、みんなの中心にいて、リードをしたいという気持ちをもっている子どもなので、周りの目を気にせず、苦手なことや失敗を笑い飛ばせるような図太さを経験させたいと思っていた。そのためのビッグチャンスが訪れたのは年長の秋、「同じ釜の飯の日」の場面だった。

秋、その献立として、一人一匹のサンマを焼いて食べている。各家庭でどのように魚を食べているかは知らない。幼いころは、身をほぐしてもらって、骨も取ってもらってという家庭が多いだろう。親の手元を見ながら、知らず知らずのうちに食べ方を学んでいく。だから、年少のときにサンマ一匹を誰の手も借りずに食べるというのは、初めての挑戦となる。

「同じ釜の飯の日」に使う米づくり

両手でつかんだかと思うと、そのままかぶりつく子どももいる。身と同じつもりでハラワタに食いついて、裏切られたような味覚に苦い顔をして、舌の先に着いたハラワタをぺろぺろとこそいで、それで終わってしまうという子どももいる。

年少のときの純は、ほどよく焼き色の付いたサンマの腹を箸でつつくだけで、手をつけなかった。年中になると、焼くことには積極的に参加していたが、こそこそと何口か食べるだけだった。見ると、お腹を空かせていたのか、ご飯のお代わりだけは進んでいた。ところが、年長の秋、一尾のサンマを両手でつかんでガブリと食べた。頬張りながら「うまい！　こんやもサンマがいいなー」と言った。そして、絵に描いたような骨を残して、平らげてしまった。

二年間、三度目にしてようやく得た成功体験である。だからといって本人には、三度目の正直とか、リベンジだという気負いはまったくない。純のなかに充満しているのは、サンマは美味い、ただそれだけである。人が成熟していくのは、これで十分だろう。できなかった自分を、いつまでも分析していても意味がない。二年余りの生活によって、純のなかで食べたいと思う気持ちが熟したということである。

おいしい！

毎年二月、最後の「同じ釜の飯の日」の献立は、年長の桜組のリクエストに応えることにしている。この年、純《じゅん》は「サンマ！」とリクエストし、みんなの賛同を得て最後の「同じ釜の飯の日」は季節はずれのサンマとなった。

「森のようちえん」国際フォーラム

五月、ゴールデンウイークも最後という日、ムクゲ自然公園の管理人でもある信枝さんのところにチャンさんから電話が入った。チャンさんとは、前章で述べた「森のようちえん」を研究している韓国の女性である（六七ページ参照）。五月の二一日から四日間、韓国の仁川《インチョン》(1)で開かれる「森のようちえん国際フォーラム」に登壇してくれないかという依頼であった。ドイツやスウェーデンからも実践者や研究者が集まるという。なんでも、最初にオファーした園が急きょ参加できなくなってしまい、困っているとも言っていた。

「えっ！　うち？　こんな駆け出しの園が出るのは、さすがに場違いでしょう！」

しかし、チャンさんは「創設間もない園の話が聞きたい」と言っているという。千歳一週のチャンスと捉えて、参加することにした。とはいえ、出発まで二週間しかない。急いでパスポートを申請し、資料づくりに取り掛かった。

向こうからの要望は、パワーポイントで作成した資料をＵＳＢに入れて持ってきて欲しいということであった。今でこそ稚拙なパワーポイントを何とかつくれるようになったが、このときはまったく経験がなかった。そこで、パソコンに詳しい飯田泰子さんのご主人に協力してもらってデータづくりに励み、出発の二日前になんとかつくり上げることができた。

国際フォーラムの初日、『ドイツの自然・森の幼稚園——就学前教育における正規の幼稚園の代替物』（佐藤竺訳、公人社、二〇〇九年）という著作があるペーター・ヘフナー（Peter Häfner）博士と組んで、韓国の一般幼稚園に通う子どもたちを一時間ほど遊ばせた。あらかじめ森に入って準備をさせてもらったものの、なんとも場違いな空気はいなめない。とはいえ、周りの人たちは日本から来た一人前の「森のようちえん」の実践者だと思っている。堂々と開き直るしかなかった。

不思議なもので、ひとたび子どもたちと山に入ると日常の自分を取り戻すことができた。そこが韓国の森であっても、自然の懐は温かくて広いと感じる。まるで、「思う通りにやってごらん」と言われているようだ。

韓国の子どもたちは、調子が狂うぐらいお行儀がよかった。なんだかいつも緊張していて、し

（1）　ソウル西部に位置する港湾都市。人口は約二七一万人。

っかりと次の指示を待つといった感じである。日頃からこのように教育されているのであろうか……。ちょっとかわいそうな感じもした。

ヘフナー博士が行ったのは、葉っぱを使ったネイチャーゲームであった。次は私の番である。葉っぱのお面を付けて、タンポポの笛を鳴らして木陰から登場した。すると、子どもたちの表情が和らいだ。言葉は通じなくても、子どもの反応というものは素直である。世界共通の言語であるジャンケンを使って「ジャンケン列車[2]」で遊んだほか、蔓で花飾りを編んだりした。

「春はいいなー」という遊び

遊びが終わったあと、ヘフナー博士と私は並んでテレビ局の取材を受けたのだが、そのとき、「これはどんな意図の遊びですか?」と聞かれた。ヘフナー博士は、「葉っぱを使って、大腿四頭筋とバランスを鍛える遊び」というようなことを話されていたが、私は「春はいいなぁーという遊びです」と答えた。テレビ局の人は拍子抜けしたような感じであったが、それ以上の説明をしなかった。

行動の分析をしたり、その意味を追究するのではなく、「ただ春はいい」と実感できるだけで自らの周囲や世界と共感できると私は考えている。どんな苦境に立っても、やがて光に包まれて、それを体感することができる。力を蓄える眠りの冬、この冬があるからこそ「光の春はよい」と言える。季節はめぐる。どの季節も好きで、「決め難い」と言えたら幸せだと思っている。

私に与えられた講演では、たった一年前のことであるが、「花の森」の開設当初の話をすることにした。会場は、幼稚園の園長先生や教員でいっぱいになっていた。やはり場違いな感じがして大いに緊張したが、「花の森」のクルーにもらったお守りやネックレスを身に着けて登壇した。

通訳には日本の大学院で上田秋成（一七三四〜一八〇九）について研究したという端正な日本語を話す人が片時も離れずについていてくれたので、無事に発表を終えることができた。

話し終えたあと、「何故、子どもたちが田植えをするのですか？」という質問を受けた。その質問に対して私は、次のように答えた。

「日本の環境と文化に沿った生活を子どもたちの保育計画に取り入れていくことが自然であると考えています。日本は山国であり、私たちが住んでいる秩父は里山文化のなかにあり、農耕の文化をもっています。そのような多様な自然界のなかで生かされていく体験として、田植えを取り入れているのです。また、幼児期の発達においては、覆い、つまり園舎は必要であると考えてい

（２）ジャンケンで負けたほうが勝った人の背中に回り、肩を持ってつながっていく遊び。

ます。子どもの選択によっては、『晴耕雨読』が『雨耕晴読』となることもあり得ますので、森もようちえんであると考えています」

　すると質問者から、「それで、分かりました！　我々韓国人は、ドイツの森のようちえんに学んでも、どこか違和感があったのです」と話されていた。

　この「違和感」というのは「不自然」ということだろう。つまり、「自然でない」ということである。自然か不自然か、ということに対する直感は、日常を重ねていくなかで、滔々と受け継がれて血肉となったものから生まれる力である。私たちが「花の森」の日々を紡いでいくなかでも、いじりすぎたプログラムや無理のあるストーリーには用心したいと思っている。

登壇した筆者

絵里香

韓国から帰国して一か月ほど経った六月のある日、「ようちえん」の帰りにホームセンターに立ち寄ったら、相談員をしていたころの生徒、絵里香が高校の制服を着て母親とともに買い物に来ていた。

「久しぶりぃ、元気？」と声をかけたら、「あたし、今日学校辞めてきた。もうやってらんねぇし」と言う。制服に茶髪、ロバのようなまつ毛の化粧をした彼女はとても怒っていた。

「で、どうするの？　これから」

「知らない」

「じゃ、明日からようちえんにおいで」

「はぁ？　意味分かんねぇし」

「意味は分からなくていいから、明日から私とようちえんに行こう。明日の朝、迎えにいくからね」

　その夜、絵里香から電話がかかってきた。

「あのさ、明日持ってくものとか、洋服とか何着てけばいい？」

「お弁当は用意できる？」

「できない」

「じゃ、お弁当は私が持っていくよ。着るものはね……ジャージはダメ」

「えー！　ジャージだめなん？」

「絵里香の人と成りが分かる私服で来て。ただし、ようちえんの子どもの前に立つ者として、ふさわしいかどうかを考えて選んできて」

「はぁ?」

「最初の宿題よ」

翌日、二人分のお弁当を持って待ち合わせの場所に迎えに行くと、絵里香は煙草をくゆらせて待っていた。地面に煙草を捨てて消し、車に乗り込もうとしたので、「おい、吸い殻ちゃんと捨てなさい」と言うと、「そっちかよ」と答えながら吸い殻を拾い上げて、ポケットにしまって車に乗り込んだ。

大きく襟ぐりの開いた服を好んで着る絵里香にしては、かなり考えたのだろう。服装には努力のあとがうかがえたが、化粧は相変わらず濃く、ロバ目だった。

「花の森」のクルーも、子どもたちはもちろん保護者も、私が次々と紹介する多様な人に対して「どうぞよろしく」とすんなりと受け入れてくれる。とはいえ、ある保育クルーが茶髪だったとき、子どもの育つ環境に茶髪はいかがなものか、という保護者がいた。そんなとき私は、「子どもたちが、人を見た目や先入観、偏見、職や肩書で判断するような人にならないことがこの園の方針です」と答えていた。

絵里香の登場に子どもたちは湧いた。さっそく遊びに誘ったり、登園してすぐにつくった紙の人形や絵を持って近づき、かかわりをもとうと売り込んでいる。彼女は少し戸惑いながらも、うまく子どもたちのアプローチにこたえている。

年中の渉《わたる》が、「なんでそんな目なん？」と突っ込んだ。絵里香の丹精込めた武器が、ここでは意味をなさいということを彼女は初日に知ることになった。

翌日の朝、母親とともに煙草をくゆらせて待っていた。荷物の半分はメイク道具という大きな布のカバンから携帯灰皿を出して、火を消してから絵里香が車に乗り込むと、母親が「お世話になります」と言いながら煙草を地面にこすりつけて消した。それを見た絵里香が、「ちゃんと捨てろよ！」と母親を諭していた。

私と二人だけのときはひどくゾンザイな物言いだが、子どもたちやほかの保育クルーには、非常に常識的できれいな言葉がよどみなく発せられる。よくまぁ、こんなにも使い分けられるものだと感心してしまう。

一週間ほどしたある日、お弁当のためのお茶を準備しているときに絵里香に呼び止められた。

「葭田ぁー、あのさー、明日から弁当つくんなくていいから。ママがつくってくれるって言ったから。弁当箱買ったし」

と言って、彼女はあどけない笑顔でうれしそうに言った。お弁当箱を新たに買うほど、お弁当をつくってもらった経験が久しくなかったようだ。

「山は疲れる、面倒くさいから行きたくない」と、私にはいかにも嫌そうに言っていた絵里香だが、子どもたちに誘われるといい返事をして山に駆け上っていく。子どもたちともすっかり打ち解けて、絵本を読み聞かせをしたり、昆虫の絵を描いたりと、その素直さに私のほうが面食らうほどだった。

絵里香の「武装」は日を追うごとに解除されていった。ツケマ(つけまつげ)は三枚から二枚、一枚と軽くなって、やがて穏やかな一六歳の素顔を見せるようになった。「こんなに可愛いかったけ⁉」と、同じ女性として羨ましくなるくらい武装解除した絵里香はチャーミングだった。

送り迎えをする短い時間が絵里香との対話のときだった。「武装」していたころの彼女は、体に似合わぬ小さな手のひらを見せながら、「私は長生きはしない。長生きしたいとも思わない。結婚もしたくないし、お母さんになるという希望も抱いていない」とぶっきらぼうに言い放っていた。しかし、子どもたちとかかわるという環境で過ごしたことで、絵里香のなかの何かが変わっていったようだ。

「花の森」に通いながら介護職の資格を取りに行くことになり、見事、ヘルパー二級の資格を取った。しかし、帰属のない若いエネルギーを外に向かって発散しようとする者にとって、未来は決して明るく手を広げて迎えてくれるわけではない。刹那的なものに引きずり込む誘惑が蔓延しているし、その誘惑こそが若さの特権であるかのように虚栄を求めてふらふらと彷徨っている。

複雑そうな友人関係からの誘いがあったのだろう、「花の森」から遠ざかることになった。

その後、「家を出たい」と言って都内の友人の所に身を寄せて、派遣の仕事を見つけたらしい。風の向くままに漂うことも若さの特権かもしれないが、つながりだけは断つまいと園の行事のときには用事を頼んだ。そんなときには、金髪で、山に不似合なヒール姿で現れて、しっかりと助けてくれた。

ある晩、低い声で絵里香が久しぶりに電話をしてきた。

「私は、どうにもダメなんだ。全然だめ。中退じゃ、コンビニだって雇ってくれない。でも、絵里香はね、ちゃんと分かってる。分かってんだよ」

その言葉を傾聴してあげる以外、そのときの私にできることはなかった。

「絵里香ね、尊敬してる女の人がいるの。その人みたいになりたいの。その人はね、カオリさんって言うんだけど、ある人の罪を被って服役してるんだ。ね、すごい人でしょ」

人の罪を被って服役って、なに？　一六歳の彼女の背景はいったいどうなっているのだろうか。さすがに、その話には共感し難かった。

「詳しい状況が分からなくて言うのは不適切かもしれないけど、私がカオリさんだったら、本当に罪を犯した人に自首をすすめるよ。それで、その人が罪を償って出てきたとき、それまでと変わらない友人でいるよ。だって、罪を被せたほうは、一生カオリさんと対等の友人にはなれないよ。そんなの美談でもなんでもないよ。自分の落とし前は自分でつけてから寄りかからせてやれよ。それもさせてやらないで、救い主気取りになってるなんて気に入らないね」

仲間内でもおそらくヒーローだったカオリという人の行動を、絵里香は初めて否定されたのだろう。だが、それに対して怒るでもなく反論するでもなく、「あ〜ね（あ〜そういうことね）」と言った。

それから間もなくして、友達の家にいられなくなり、実家にも戻りたくないから「泊めてほしい」という電話が入った。慌ててシーツと夏掛けを新調して絵里香を迎えると、部活から帰ってきた同じ年齢の長男は驚くでもなく、愛想のない会釈をして部屋に入ってしまった。しかし、中1と小3の次男と三男はお姉さんができた気分でいろんな宝物を見せたり、ゲームに誘ったりして、まるで「花の森」の園児のように歓迎してくれた。夫も、「あ〜いらっしゃい」と事情に立ち入ってこない性格なのでとても助かった。

その晩、絵里香と枕を並べて遅くまでいろんなことを話した。

「私は、何も不自由することなく育ったよ。ママは何でも買ってくれた。……私はママからモノをもらって育ったの。でもね、妹はママから心をもらって育ったんだよ」

と、絵里香は淡々と語った。「何も不自由なく育った」という明るいフレーズのあとに続いた言葉は衝撃的なものだった。一六歳の絵里香が脈を打つたびに、チクリと針が刺すように何かが意識に沁みこんでいくような感じがした。

幼い子どもたちと生活をしていると、そんな感じが手にとるように分かってくる。子どもたちが欲しているのは、高価なものやお金をかけて遊びに行くことなどではない。欲しいもの、それは紛れもなく「お母さんの心」である。積み重ねてきた家庭環境が、その人のメンタリティーとなって形成されていく。

翌日、絵里香の気持ちが落ち着いたようなので、お母さんに迎えに来てもらった。その後、東京と秩父を行ったり来たりして、厳しい現実と向き合いながらも懸命に生きようと頑張っていたようだ。ほどなくして、秩父の病院でヘルパーの仕事に就いた。

その三年後、そこを辞める決心をしたときも電話をかけてきて、人とかかわる仕事にやりがいを感じていたことや、偏屈のおじいさんが心を開いてくれて、絵里香が勤務するのを楽しみにしてくれていることなどを話してくれた。それでも、「まだまだ自分を試してみたいから秩父を出ていく」と言った。「人が好きなんだよ」と言う絵里香の声は涙で震えていた。

それから二年ほどして、知り合った男性と結婚をし、彼女はお母さんになった。

「花の森」が開園して六年目となる二〇一三年の秋、長男をつれて絵里香が遊びに来てくれた。

「幼稚園はね、早期教育にするか遊ばせるか悩んでるんだ。よしださぁー、横浜にも『花の森』

みたいなようちえんつくってよ」

この絵里香との再会が、発達は生涯続くものであり、人は変容していく、だからこそ幼児期から青年期にかけての活動を「花の森」で取り組みたいという動機になった。青年期が長くなったと言われる昨今、エネルギーの出し方が分からずに、生きづらさを感じている若者が多い。開園当初から縁の下の力持ちのように支えてくれ、学童保育室の室長をしていた大久保はるみさんを私は訪ね、次のように言った。

「幼児教育からつながるヤンキー、不登校、ニートの支援をNPOでやりませんか？」

この続きは、のちの章で述べることにする。

絵里香の長男

「花の森」に「すみれ」がやって来た

山羊を飼いたいと思っていたので、この年の遠足は、秩父高原牧場(3)に相談を兼ねて行くことにした。

五月、満開のポピー、なだらかな丘陵の先には青い空が広がり、新緑の間をぬって吹いてきた風が、のんびりと草を食む母山羊と少しやんちゃになってきた子山羊の背をなでていく。ひと目見て「この子がいい」と思ったのが、現在「花の森」で飼っている「すみれ」である。そのときはまだ小さすぎたし、園に小屋もできていないので、秋までに準備をして迎えに来ることにしたが、それから時々、お忍びで「すみれ」を訪ねては熱い視線を送っていた。

山羊を飼うのは初めてなので、秋までにいろいろと準備をしなければならなかった。お金がないのにどうやって小屋を建てるのか？　エサ代だってバカにならない。しかし、スタッフから反対の声は上がらなかった。園の環境設定を任せてもらえたことに感謝している。「すみれ」を迎える日の子どもたちのことを思うと、ワクワクして秋が待ち遠しかった。

筆者とすみれ

（3）　〒355-0372　埼玉県秩父郡東秩父村大字坂本２９５１　TEL：0494-65-0311

経験がなくても、実力が伴わなくても、前例がなくても、そして先立つものがなくても、やらない理由を探すのではなく、目的を実現させるためにはどうしたらいいのかとポジティブに進むのが「花の森流」である。

「パレットあるよ」「一一月には仕事の手が空くから、造りに行くよ」「草を分けてやるよ」といったありがたい声が、あちらこちらから聞こえてきた。

　子どもが育つ環境のなかに、仕事をする職人さんなどが出入りして、その姿を見られることはとてもいい。子どもたちは仕事をする大人を見るのが好きだし、なんと言っても興味がある。人の手によってつくりあげられる過程を見ていたいのだ。「まねぶ」が「まなぶ」のはじまりであることを、私たちは再確認することになった。

　家具作家であるイスラエル人のダニーさん（ちゃぶ台づくりを得意としている）[4]と、園バスの運転手をしていた「民宿清水苑」の清水正則さんが入れ替わり立ち代わり作業する様子を、片時も離れずに見ていたのは太郎《たろう》だった。ちょうどそのころ、NHK教育テレビの『あさだ！からだ！』[5]という番組の取材を受けていたのだが、太郎は一切ロケに入らず、小屋の製作をじーっと見ていた。まるで、一緒につくっているかのようだった。

　お金がないにもかかわらず、「小屋の屋根は草屋根にしたい」などと私が注文したものだから完成までに時間がかかってしまったが、この草屋根にはクロッカスなどを植えてみた。現在は箒草を植えて、毎年、箒をつくる材料にしている。大切な栽培花壇であるので、「すみれ」に食べられては困るものをここに植栽するようになっている。

小屋が完成し、「すみれ」を高原牧場に迎えに行くことになった。小屋の製作をしてくれただけでなく、以前には足洗場もつくってくれた清水さんが、「子どもたちとすみれが一緒に乗ってこれるから」と言って、経営されている民宿のバスを出してくれた。いつもと違うバスに乗る子どもたちは、空に向かうような粥新田峠(6)の道を走るという非日常性にワクワクしていた。

白と黒のぶちで、遠目に見ると子牛みたいな山羊、それが「すみれ」である。家族や仲間と離れ離れにするのがかわいそうな気もしたが、牧場の人に言われた通り「すみれ」の足を取って倒すと、おとなしく捕まってしまった。子ども

(4)　現在、バスは運行されていない。

(5)　二〇一〇年三月二六日まで放送されていた幼児向けの番組。

(6)　秩父から比企鎌倉街道を結ぶ主要道路として、巡礼や物資・文化の往来が活発であった。明治一七年、秩父困民党の一斉蜂起による秩父の近代の夜明けを告げた峠として有名。

草屋根の小屋

たちに囲まれ、「すみれ」はおとなしくバスに乗ってくれた。私たちの仲間として、「花の森すみれ」が加わった。

自分より大きな生き物に親しみをもってかかわる子どももいれば、とりあえず支配しようとする子どもや、恐れて距離をとる子どももいる。怖がる子どもには「大きいね、大きいだけよ」と言って、恐怖が和らぐように山羊の習性を伝えるようにしている。

「すみれ」は甘えん坊で、人恋しいと「メーメー」と鳴く。それが愛しくて、休園日に三男をつれて「すみれ」とよく山へ登った。ほどなく、気ままに草を食みながら、リードなしでついて来るようになった。名前を呼ぶと来るようになり、私の姿を見失うと、「すみれ」のほうが鳴いて私を呼ぶようにもなった。すぐに大きな声で答えると、タッタ、タッタとやって来る。

園庭での「すみれ」

「花の森」の家族となって八年、「すみれ」にはすっかりクルーとしての貫禄も備わってきた。子どもたちと山を登っていく姿は優雅で、すみれと私たちは非言語コミュニケーションでしっかりとつながっている。それにしても、「花の森」に「すみれ」はよく似合っている。

誕生会

子どもにとってのビッグイベントと言えば、やはり誕生日である。毎年、成長したことを確認し、家族から祝福される日でもある。クリスマスやお正月と並んで、夢にまで見る大好きな日であろう。「花の森」では、この誕生日を一人ずつ祝っている。

主役となった子どもは、自分が生まれた季節の花や実などを山から採ってきて花束をつくり、お母さんにプレゼントすることにしている。そんな花束は季節ごとに違ったものになるが、どの季節のものでもとても美しい。花屋さんでは決してつくれない山の花束となる。

「ようちえん」からは、根岸佳代子さん作の渾身の手づくりカード、そしてお母さん方からは手づくりのマスコットが贈られる。毎年、工夫を重ねてつくられているものだ。お友達からのプレゼントもある。手紙を書いてきてくれたり、花を摘んでくるという子どももいる。

主役のお母さんからは、それはそれは温かいメッセージが個性豊かに語られる。生まれてきてくれてうれしかった気持ちや、心を込めて付けた名前のことなどが語られる。その伝え方が実に多様で、巻物になっていたり、命の家系図になっていたり、写真絵本にしてきたお母さんもいた。さらに、即興で絵を描いたりして、うれしい気持ちを伝えてくれたお母さんもいた。

主役の当人は、誇らしげに、時に照れたりして、みんなの反応をニコニコしながら見ている。しかし、お母さんが嬉しそうに話すときには、前のめりになったり、うっとりとしながら聞いている。とにかく子どもたちは、自分を愛おしいという気持ちを言葉にしてくれるお母さんが大好きなのだ。

　温かい誕生会は、毎年、子どもたちにとって楽しみな時間となっている。そんななかで、忘れることのできない誕生会があった。「すみれ」の小屋づくりをじーっと見ていた太郎《たろう》の誕生会のときである。

　太郎のお姉ちゃんは、「花の木幼稚園」の騒動のときに「花の木」に残ることとなったが、「花の森」に興味をもっていたようで、時々、幼稚園を休んでは遊びに来ていた。だから、クリスマス会に誘ったのだが、「お宅に入れるつもりはありません！」とお母さんからピシャリと言われた。

　だから、まさか弟の太郎が「花の森」に入園することはないだろうと思っていたら、年明け、胸を膨らませて願書を持ってやって来られた。しかし、入園してから、「お姉ちゃんのピアノ発表会とようちえんのクリスマス会が重なるので、クリスマス会の日を動かしてほしい」など、な

誕生会

かなか不思議な言動をされていた。

そんなこともあって、太郎の誕生日会には何が飛び出すか分からないと私たちは予想していたが、さすがにここまでとは思わなかった。

「私は、お手紙を読んだり、お話をすると感極まってしまうので、替え歌をつくってきました。その歌をうたわせてください」

聞き覚えのあるメロディーに乗せて、太郎の名前が何度も出てくる。どうやら、クリスマスソングの『もみの木』のようだ。子どもたちは不思議な歌に耳を傾けているようだったが、私たちクルーは、太郎がお腹に宿ったときの愛しい想いから出産の様子までのところで、いきみのがしの息遣いに正直言って笑ってしまうところだった。どんな顔をして聴けばいいのか分からず、極度の挙動不審となり、その様子を悟られまいとするものだから、頬のあたりがひきつったようになって顔を上げることができなかった。

ところが、三番あたりになると「花の森」への感謝の気持ちがメロディーに乗っていっぱい運ばれてきた。頬のひきつりがいっぺんに緩んでしまった。いや、緩むどころではなかった。気が付くと、クルーたち全員が号泣していた。ビデオ録音を担当していた佳代子さんなどは、ビデオに泣き声が入らないように口をつむいだのだが、抑えることのできない「うれし泣き」で嗚咽状態になっていた。

一曲の歌でこれほどの感情を呼び起こすとは……このシンガーはただものではない。またしても、太郎《たろう》のお母さんのツンデレにやられてしまった。熱唱し終えたお母さんは静かにオルガンの蓋を閉じ、無表情に、いやどちらかというと少し不機嫌そうに「これで終わりです」と言った。いろんなお母さんがいて、愛しさの表現も多様であることを知る「花の森」の誕生会。子どもだけでなく、私たちクルーにとっても大好きな日である。

言葉が放つもの

三歳から五歳の子どもたちと生活をしていると、人間の感性がいかに瑞々しいものであったかを思い出させてくれる。ある日の朝、年長の典尚《のりなお》が渋い顔をして、「はやとが、あさからずっと、おれのことをうんこうんこっていってくる」と訴えてきた。その勇斗《はやと》を見ると、（やべぇ、言いつけてる）という顔をして、少し遠くからその様子をうかがっていた。

多くの場合、「言われて嫌だったのね」「嫌だと言っていいのよ」「勇斗くんいらっしゃい。勇斗くんがうんこって言われたら、どんな気がする?」「自分が言われて嫌なこと、人が嫌がることを言ってはいけませんね」という展開になる。ところが、このとき私は何を思ったのか次のように言ってしまった。

「うんこって言われたの？　それは光栄に思いなさい。うんこはとても大事なものだからね。うんこをしない人はいません。すみれやウサギやチャボの健康状態を見るのにも大切よ」

まるで、典尚が拍子抜けするような言葉が口から出てしまった。典尚と私のやり取りをオロオロとしながら見ていた勇斗も、「？」という顔をしている。それで、その日はうんこについてみんなで話すことにした。

子どもたちに「うんこする？」と聞いてみたら、みんな元気よく手を上げて「うんこしまーす」と言う。うんこの話はみんなの関心が高く、「うんこしたいときどうなる？」と聞くと、「おなかがごろごろしたり、きゅーっとなったりする」と答えていた。そして、「うんこをするのはきもちがいい」と言うので、「いいうんこのときはとくにね」と補足してしまった。

「たべものがうんこになる」

「うんこがたべものになる」

「病気のときはね、うんこがちかくなるよ。ゆるくなったり、出なくなることある？」

「あるある」

「そうすると、間に合わないときもあるね」

「あるある」

「うんこって、そもそもなんで出てくるんだろう？　うんこは食べ物で変わるらしいよ。それに、うんこで元気かどうかが分かるんだよ」という話をしたついでに、「おならはどうかな」と尋ねた。

「でるでる」

「うんこ、おしっこ、おなら、みんな出たくなったらいつでもしていいんだよ。覚えていてね、出物腫れ物ところ嫌わず、って言うの」

そのあと、「せーの、でものはれものところきらわず」と、みんなで唱和した。

帰りの会のときに読む本を選んでいたら、勇斗《はやと》がやって来て私に言った。

「うんこのほんにしてくれよ。うんこはだいじなんだから」

「分かりました。それでは、五味太郎さんの『みんなうんち』（福音館、一九九二年）にしましょう！」


子どもが言葉と出合うところに立ち会う大人の責任は重い。たとえば、「うんこ」とか「菌」といった言葉のイメージと、地球で果たす役割について考えてみたい。大人の固定観念で不自由にしてしまっている言葉や解釈はほかに何があるだろうか。言葉の放つエネルギーは、受け止める側によって自由にも呪縛にもなる。限定された言葉のイメージを越える何かが、自然のなかにはあるように思う。

はじめの一歩（２）

十人十色、いろんな個性や力をもっているのが子どもである。それが、思わぬところで開花する。年長になった三人の男の子も、まさにその通りであった。普段から俊敏で、遊びの達人と言える勇斗にも苦手なことがあった。それは、「いきものがかり」である。

三人の仕事を見ていると、「すみれ」のうんこをいつも掃いているのは、おっとりとしてマイペースの典尚《のりなお》だった。しかし、大人が介入するにはまだ時期早尚である。典尚のなかに、膿《うみ》がもっと溜まって爆発しないと山は動かない。私たちクルーは、典尚の膿がしっかり溜まるのをひたすら待った。

前述したように、勇斗が典尚に対して「うんこ！」と言ったことがある。いつもうんこの掃除を嫌がらずにできる典尚に対して、何か思うところがあったのかもしれない。

あるとき、ついに典尚が「いつもおればかりがうんこをとってる」と言った。ついに、チャンス到来！

「そうなの？　真都《まなと》と勇斗はやらないの？」

「まなとはやることもあるけど、はやとはやんないよ」

二人に聞いてみると、勇斗《はやと》はまずいことがバレタという顔をしていた。一方、真都《まなと》は「はやとはいいよ。おれとのりなおがこうたいでやれば」と言った。

勇斗は救われたような表情を一瞬見せたが、私が「どうして、勇斗はやらなくていいの？」と聞いたので、下を向いてしまった。

「にがてなんじゃん」と真都。

「みんな、苦手があるもんね。勇斗は、うんこをとるのが苦手なのかな？」

勇斗がコクンとうなずいた。

「苦手だったんだね。でも、それが分かることは大切なことだよ。それでどうするか、だよね」

「だから、はやとはやんなくていいって」と真都。

「典尚《のりなお》くん、それでいい？」

それまで押し黙っていた典尚の口から出た言葉は、「どりょくしてほしい」であった。これが、五歳児の口から友達に対して出た言葉である。ついに典尚は、自分を越えたのかもしれない。

この一言を言うことで、子どもたちの関係性に変化が起こる。勇斗と典尚の関係性に変化が起き、勇斗は命に対する責任のために、そして仲間のために努力してみることを二人に約束した。

「人間って面白い」ってよく言うが、こういうことではないだろうか。

クロスロード――可能性の吹きだまり

「花の森」は、保護者をはじめとして多様な地域の方々にお世話になっている。それがゆえに功を奏している面が多々あるのだが、それをたとえて「つまり、吹きだまりなわけね」と言う人がいる。それに対して私は、「そう、可能性の吹きだまり」と返している。

私も含めて、「花の森」にはいろんな人がたどり着いてくる。脛《すね》に傷をもつ過去があったり、よその保育現場で人間関係に疲れてしまったり、精神的な弱さを抱えていたりして命からがらたどり着くという人もいる。

このような人たちも、自然のなかで子どもたちと向き合うと、さまざまなことを自問するようになる。過去を変えることはできないが、未来はどのようにでも変えていくことができる。「花の森」にたどり着いたすべての人が、「お見事」というような導きで子どもを豊かにしてくれる。それは、「らしく」ないからできることなのかもしれない。

保育は、言うまでもなくライブである。一生、人間関係をやり繰りしていくのだから、多様性のなかにあって振り子の幅は大きく振れたほうがよい。人間の幅も大きくなるし、深まり、真理を見つける術《すべ》が磨かれるだろう。事実、経験や価値観の多様な人がいると、意外な人が意外な風を起こしたり、風穴を開けたりもする。

このような人たちと関係をもつことは、子どもにとって決してマイナスではない。「花の森」で必死に仕事する姿こそが実相である。それゆえ、過去は不問とした。

地元の高校を卒業して、長瀞町にある「讃岐うどんゴーシュ」（長瀞町長瀞783－3）で就労訓練をやっていた真矢さんというお嬢さんを、週二回のペースでお預かりした。仕事覚えは決していいほうではないし、とくに子どもが好きというわけでもない、極めてマイペースな女性であった。

仕事を選んでいるところもあって、掃除を頼むととても時間がかかり、四角いところを丸く掃くタイプであった。夏の盛り、事務室から屋根裏に上がる階段の掃除を頼んだら、いつまでたっても下りてこない。そっと覗きに行ったら、上から三段目あたりでぼんやりと腰かけていた。「真矢さん、暑くて具合が悪くなるから、早く下りておいで」と声をかけたら、「はい、分かりました」とていねいに答えて下りてきた。仕方ないので、残りの階段は私が掃除をした。

毎年、春にヘビイチゴ(7)で虫刺されの薬をつくっているのだが、ヘビイチゴを摘んだり、ヨモギを摘むのはとても得意だった。てっきり子どもも大丈夫なのかなって思い、遊びにかかわってもらおうとすると、ちゃんと自分の守備範囲があって「いいです。いいです」と、きっぱり断られた。

変化が見えはじめたのは三年目くらいだった。山へ行くと、ちゃんと子どもへの眼になってくれたし、子どもが視界から消えそうになると、「ダメだよ〜、そっちはダメだよ〜」と声をかけてくれるようになった。秋、先生らと子どもが落ち葉をかき集めて「落ち葉のプール」をつくっていたら、少し離れた所で、折れた木の枝を箒のようにして枯葉を集めていた。「あら、真矢さんありがとう」と声をかけたら、俄然張り切って落ち葉を集めはじめた。

そして冬、子どもVS大人の雪合戦がはじまると、「私がつくります」と言って雪玉をつくる役を買って出てくれた。また、「同じ釜の飯の日」（七八ページ参照）には強力な助っ人になって、洗い物などを手伝ってくれた。それからというもの、好きな編み物や折り紙などしながら、ただただ子どもの

（7）蛇苺。学名はPotentilla hebiichigo。バラ科の多年草で、実が食用にならず、ヘビが食べるイチゴとか、ヘビがいそうな所に生育するといったことが語源となっている。毒があるという俗説があって「ドクイチゴ」とも呼ばれているが、無毒である。

ひと休み

なかにいてくれた。

こんな真矢さんとの生活は四年ほど続いた。雨の日も風の日も、秩父鉄道の皆野駅から一五分ほど歩いて、本当によく通ってくれた。

真矢さんが去る最後の年、昨年の蚕の飼育で採卵した卵を孵すために、冷蔵庫から取り出して、気温が上がってきた七月上旬に常温に戻し、桑を細かくするという作業を初めて行ってみた。その作業を、子どもたちと真矢さんに担当してもらった。

常温に戻して一週間ほどしたある日、真矢さんが「あー!!」と叫んだ。その声を根岸佳代子さんが聞きつけて、横から見てみると、針の先でついたような黒いものがいくつも動いていたという。何も知らない私が、「蚕は、F1(一代交配種のこと)だからやっぱりダメかね?」と部屋に入って行きながら尋ねたら、「孵ってます! 孵ってます!」と真矢さんが大きな声で答えてきた。

「真矢さんが気付いたんです」と佳代子さんが言う。私のところまで、真矢さんが箱を持って見せに来てくれた。まだ何だか分からないような黒い点を彼女は一瞬にして蚕が孵ったと悟り、声

蚕を世話する真矢さん

を上げたという。

それからというもの、真矢さんは自分が産みの母であるかのようにかいがいしく蚕の世話をして、その成長を観察し続けた。子どもたちに背を向けて、ジーっと蚕たちを観察していることも多かった。その背中がなんとも愛しい。それでいい、それでいいのよ真矢さん。

真矢さんは、とんとん拍子に大手アパレル会社に就職が決まり、子どもたちがつくった大きな色紙を胸に抱いて「花の森」を去っていった。「吹きだまり」、上等じゃないか。その可能性は無限である。

ＮＰＯ法人設立に向けて

秩父市では、月に一度「ふらっと市長室」というものが開かれている。課題や提案を抱えた市民が、直接市長と対話するという行政サービスである。市民なら誰でも参加することができ、地域の課題などが聞けるのでメリットも多い。また、行政側も市政に生かせる情報を集めることができるので、素晴らしい仕組みだと思っている。

この対話のなかで、久《く》喜《き》邦康《くにやす》市長[8]からのすすめもあり、私たちの力量でも可能なＮＰＯ法人取得に向けて動き出すことにした。もちろん、「花の森」を運営していくことに関して本気だったからであり、公開義務を果たし、地域に貢献していくという自覚をさらに強めることを目的とした。

このときに力を発揮してくれたのが渡邊聡さん、通称「サトゥ」である。薬剤師である彼は、「花の森」を立ち上げたころに会社を退職されて、ムクゲ公園の山の中で難しい化学式の本を読んでいた。当時はまだ独身だった彼を、長谷川信枝さんがバスの運転手として連れてきてくれたのだが、それが運のつき、いや「花の森」との縁のはじまりとなった。話を聞いていると、サトゥは大学院でNPOについて学んだという。それでは……ということになり、熱烈なラブコールを送って協力を仰ぐことにした。

大学時代はボート部だったサトゥは物腰の柔らかい寡黙な人で、エネルギーあり余る子どもたちとは対照的な存在なのだが、子どもたちに静かに寄り添ってくれる。そのことが子どもにもちゃんと伝わっているようで、みんな、バスを運転するサトゥのことが好きだった。

渡邊聡（通称「サトゥ」） 地元のドラッグストアに勤務しており、園児の父。「花の森」創設当初、園バスの運転手をしていた。その後、「花の森」がNPO法人を取得するにあたり申請手続きを手伝い、理事に就任。事務局担当として、NPO法人関係の書類作成などを行っている。

こんなサトゥにNPO設立の申請手続きや法律関係の確認などをしてもらい、設立後、理事に就任してもらった。そして現在、二人の男の子の保護者ともなっている。

ＮＰＯ法人を取得後には、年に二回、賛助会員向けに会報「結ひ」を発行することにした。このデザインと編集は原里香さんが担当してくれることになった。

里香さんは、心悠《みゆう》と涼悟《りょうご》のお母さんで、「花の森」創立時のメンバーである。美大を卒業したあとに印刷会社に勤めていたという経験が発揮されることになった。また、里香さんは、二人の子どもが「花の森」に通う間、週末は都内までパンの学校に通うという活動的な人である。現在、秩父市近戸に「にこると」という天然酵母のパン屋を開業し、パンをつくりながら事務局の手伝いをしてくれている。

ＮＰＯ法人の設立には三名以上の理事が必要となる。先にも述べたように、「花の森」に集う人には制限がなく、大らかな雰囲気を漂わせているのだが、こと理事に関しては非常に厳しいものを求めることにした。

会員通信「結ひ」

（8）（一九五四〜）日本医科大学医学部卒業、同大学院修了。現在、二期目。

周囲からは珍しがられたが、「花の森」の理事は名誉職として名前を並べるのではなく、現場を分かっている人たちが動かしていくという仕組みとし、とにかく「現場第一！」とした。

当初、「自分の子どもだけでいいのか？」という質問は、やがて現実味を帯びて創設メンバーに問いかけられる時が来るだろう。仲良しのママ友が集まって、自主保育をはじめることはたやすい。しかし、自分の子どもが次のステップに行ったときに人は変容するものだ。危機とも言えるこのような状況が、最初の五人の子どもたちが卒園後に訪れるであろうと私は予想していた。

第4章

命をつなぐ想い

（2010年）

「花の森」で言ってはいけない言葉

二〇一〇年四月九日、埼玉県のＮＰＯ法人格を取得した。社会的なお墨付きをいただいた代わりに、経理や事業報告などの情報開示、またその説明責任や報告義務が求められる。もちろん、スタッフの意識にも社会的な団体として自覚することが求められるようになってくる。公的な存在として生きる道を選択した以上、「お嬢さん芸」でやるわけにはいかない。

これまでは、「行けたら行く」とか「やることあったら言って」、「手伝うから言って」、そして「聞いていなかったので」という言葉が時々聞かれ、違和感はあったものの、そのときは手伝ってくれる方の存在をありがたいと思っていた。ところが、ＮＰＯ法人としてスタートするということを機に、それらの言葉がとても気になるようになった。これまでになく耳障りになり、不安を駆り立てられるようになってしまったのだ。

そして、あるとき、「手伝うって言葉は使わないで！」、「いったい誰のようちえんなの！　自信と責任もってよ！」と爆発してしまった。

道をつけてきた、ということは自覚している。やるからには最高のものを目指したいと思ったのも事実である。それでも、お母さんという立場で集団の子どもたちと向き合うのが初めてという人が多く、見よう見まねだったり、子どもへの処遇に迷うことも正直あった。振り返ってみて、私のなかに芽生えた欲は、同じような本気、使命感をもって欲しいということだったと思う。「聞いていなかったので」という言葉にしても、当事者意識さえもてば、情報は自分から取りに行くことができる。だから、目の前にいる子どもの事例を積み重ねていこう、勉強をしよう、もっと本を読もう、ということを働きかけてきた。事実、「私にはとても保育日誌は書けません」と言っていたクルーがペンを持ち、自らの保育を謙虚に振り返るようになった。必然的に、子どもたちをよく観察し、かかわるようにもなった。

今読み返しても情景が目に浮かぶくらい、保育日誌は一文字一文字がていねいに書かれている。また、普段から手帳を持ち歩き、記録をとるようにもなった。クルーたちが進化していることを感じていたので、私の爆風くらいで木端微塵にはならないことを確信していた。だから、「手伝う」という言葉にピリオドを着弾させたのだ。

この日を境に「花の森」では、「手伝う」「行けたら行く」「やるから言って」「聞いていなかったので」という言葉は死語になった。そして、これ以後のクルーの成長は、さらに目覚ましいものとなった。保育者が自信をもつということは、同じ保育をしていてもまったく違う安心感を子どもたちにもたらすことになる。組織の職員として、当事者意識の自覚を余儀なくされた年であった。

エンパワメント

子どもたちが自ら成長を遂げるためには、仲間との日々の経験や大人が用意する環境が重要となる。食に特化して言えば、「バランスよく食べよう」「こぼさず食べよう」「残さず食べよう」「よく噛んで食べよう」「好き嫌いをしないで、なんでも食べよう」「朝ごはんを食べよう」「クチャクチャしない」「席を立たない」「下の話はしない」と、数えたら切りがないくらい食事の掟が多い。基本として、「腹が減ったら食べる」ではダメなんだろうか。

「花の森」では、決して無理を強いて食べさせていない。もちろん、常識的なマナーは伝えている。そして、ヒョッコリと食べられたときには祝福をしている。大切にしていることは、「こぼさずに食べる」ことではなく、こぼしたときに、拭いたり、拾ったりと、後始末ができることである。

子どもたちは、私たちよりはるかに長い時間をこれから生きていくのだ。今、食べられないものがあってもいいではないか。嫌いにさせないこと、恐怖の体験にさせないこと、それが重要である。

食べ切ったときには「完食～」と言って空っぽのお弁当箱を見せてくれるが、食べ切れなかったときでも、コソコソしないで「もうたべられないから、おわりにする」とか「おなかいっぱい」など、堂々と声をかけてくる。自らの状況を大らかに開示できるということは、ほかの場面においても、自分の苦手なことを恥じたりせずに客観的に受け入れる力としてとても重要だと思っている。できないことや苦手なことを認めればよいのであって、そこに劣等感を培養する必然性はない。

「同じ釜の飯の日」、完食した子どもには「完食！」というスタンプが押される。だからと言って、完食できなかった子どもに「次は頑張れ」と言ったり、敗者であるかごとくのような雰囲気は一切漂わない。いつか広い世界に出て、何かの拍子にピーマンがヒョイと食べられるようになることのシアワセ、そのチャンスを残しておいてあげたい。

「俺、子どものころ、ピーマンが食べられなくてさぁー」

「あっ、俺もそうだった」

こんな会話をしながら、居酒屋で野菜炒めを美味しそうに食べているサラリーマンになるかもしれない。その横で、「ピーマンの肉詰め、追加」と店の人に叫んでいる様子が見られ

収穫祭その１「手打ちうどん」

るかもしれない。それゆえ今、私たちが「見届ける」必要はないだろう。

注意深く子どもを見ていると、親や保育者が早く「見届けたい」ために、その子どものペースにあったシナリオを、強制的に改変していることに気が付く。効率を重視し、確認するための教育を子どもに強要すると、最終的にできることも嫌になってやらなくなる。

すべての子どもが、発達のシナリオや覚醒のシナリオをもっている。それだけでも奇跡だ。私たちは、ほんの一時、彼らのシナリオに登場するだけなのだ。そのシナリオを早送りしようとはしないで、彼らのエンパワメントを信頼しよう。

先生キライ

この年に転園してきた遥人《はると》（年中）を皮切りに、毎年、転園してくる子どもがいるようになった。「何故、うちに転園してきたのですか?」と一応みなさんにうかがうが、はっきりと答えられるわけではない。それはそれで事情があるのだろうと推察し、あまり追及しないで、かかわりをつくりながら類推していくこともある。

遥人は人懐っこいが、新しいことには慎重な子どもだった。先生やお友達が「山に行こう!」

と声をかけたり、「手を洗うよ」とか「口にソースがついてるよ」と声をかけるだけで途端に不機嫌になり、「せんせいキライ！」とか「〇〇ちゃんキライ！」ときっぱり拒絶した。そして、続けざまにゲンコツでぶってきて、嫌な気持ちを全身で表してくる。「そんなことはわかってる！」ということであろうが、すぐに手が出ることはやはりまちがっている。

先生たちはひたすら耐えて「痛いからやめてね」と返すが、こんなことでひるまないし、機嫌をとることもない。基本が変わらないものだから、一旦は収まった遥人も再び抵抗を見せるようになる。でも、そこからが子どもの自己中心性というもので、ひょっこり「あ〜、やっぱり、せんせいすきだったぁー」と和平交渉をしてくる。ここの先生はどんなもんか、と試されているのだろう。

その日の遥人の嫌いな人は心悠《みゆう》だった。心悠を突き倒して、「みゆうちゃんキライ！」と言っている。それを見ていた佳代子さんが、「心悠ちゃんも伝えたいことがあったら言っていいんだよ」と促すと、「つきとばしちゃ、やだよ！　そんなにキライキライ言ってると、みんなにきらわれちゃうよ」と叫んだ。（心悠、よく言った！）

このセリフ、先生は言えない。当事者である友達から言われるからこそ効果的に響くのだ。

遥人が「おとうさんがおこったの」とつぶやいた。

「お父さんは、遥人を怒っても遥人のことが好きなんだよ」と言うと、「……そうか」とポツリと言った。実際、遥人《はると》はお父さんが大好きで、お父さんとお父さんの仕事を誇りにしていた。

この日の朝、お父さんと何かあって、心の平穏が揺らいでいたのかもしれない。心悠《みゆう》が嫌いだから突き飛ばしたわけではないということが徐々に理解できるようになっていくのだが、これ一回で殴らない子どもになるわけではない。何度も何度も同じようなことを繰り返して、他者との付き合い方が分かってくる。

遥人は、年少の子どもと遊ぶことを好んだ。ある日、年少の涼悟《りょうご》を朝一番から叩いていた。ほとほと愛想が尽きた涼悟は、当然のように遥人から遠ざかっていった。すると遥人のほうから、「どうしてりょうくん、ぼくとあそんでくれないのかなー」と聞いてきたので、相談にのることにした。

「涼悟くんが、遥人くんといると楽しいなーと思えたら、遊ぶんじゃないかな」

遥人は、朝一番で涼悟にしたことを反芻《はんすう》したのだと思う。しばらくして、砂場遊びに涼悟を誘いたいから、雨がやんだ砂場のシートを一緒にはずしてほしいと言ってきた。少しずつだが、信頼関係も太くなって、それなりのやり取りができるように育ってくる。

身体測定のとき、ジャンバーを着ていたので「一枚脱ごうか」と声をかけたら、「せんせいキライ!」とやる気をなくしてしまった。帰り際、「今日はどれだけ大きくなってるか測れなかったね」と声をかけると、「あした、はかる」と言った。

遥人の言う「明日」は、その三日後にやって来た。「きょうは　おおきくなってるか　はかる」と言って、ジャンバーを自分から脱いで体重計に乗った。

「花の森」の運動会の準備は正味一週間ほどで、子どもたちの日常の生活を極力拘束しないように、練習も「運動会遊び」のようにしている。そんなある日の午前中、遥人は先生の誘いを断固拒否して、園庭に出なかった。そこで午後は、声をかけずに、部屋の窓やドアをすべて全開にして、みんなの盛り上がった様子が部屋の中に届くようにした。名付けて「天岩戸作戦」である。すると、予想通り、自分で靴を履いて園庭に出てきた。

「じゃ、これで練習はおしまいです」というようなタイミングだったが、「あー、ハルくんきた！」と言う仲間の歓迎に遥人は照れまくっていた。私は子どもの声で気が付いたような素振りで、「ハル君よく来たね。それじゃ、ハル君も来たことだし、もう一回走ろう！」とみんなに言った。「わぁーい！」と、子どもたちは「運動会遊び」が大好きなので、快く賛同してくれた。

最初に走る徒競走は、ゴールでお父さんやお母さんが両手を広げて待っていて、その胸に飛び込んでゴール！という競技である。練習では、「かなりや」（序章および一四六ページ参照）の青年や先生たちが両手を広げて待っている。

「位置について、よーいドン」

私のスタートの声で、子どもたちが一斉に走り出した。もちろん、遥人《はると》も走り出した。ところが、両手を広げた先生の目前で旋回してトラックを半周し、スタート地点にいた私の胸に飛び込んできた。なんとも、いじらしい。

ほかの子どもたちは、遥人だけ部屋にいて、練習をしないのはずるいとは言わない。それは、「運動会遊び」が楽しいことが分かっているからだ。この日の徒競走で、なぜ、みんながこんなに楽しそうにしているのかを遥人も経験から理解したと思う。そして翌日から、「あっ、ながぐつできちゃった、はきかえてくる」と照れたように言って練習を楽しむようになった。

このような過程が一番大事。当日はおまけのようなもので、一番おいしいところや感動するようなドラマは前日までにほとんどの場合起こっている。だから、世のお父さんやお母さんに私は言いたい。

「お願いだから、当日だけを切り取って、何だかんだと思わないでください」

そこからの遥人の成長ぶりは目覚ましかった。情緒も安定し、小さなお友達が遊びに来ると、自分からかかわっていき、後片付けを手伝ったりするようになった。そして年が明けた二月、子どもたちが交代で行う、その日の散歩の頭《かしら》やお茶入れを担当する当番が遥人に回ってきた日、「お当番さん、かっこよく立ってね」と根岸佳代子さんが言うと、「これじゃ、かっこよくないな」

と言ってダウンベストを脱ぎ、キリッと立って遥人は挨拶をした。

「せんせいキライ！」と言う遥人の言葉、もう聞けなくなってしまった。

智子クライシス

創設メンバーの五人の子どもたちが巣立つときを「存続の危機」（一一四ページ参照）と予測したのは、どんなに熱望してはじめても、我が子が卒園して小学校に上がると、親の関心が学校生活に移ったり、子どもに手がかからなくなることで個人のライフワークの優先順位も変容していくと考えられたからである。

その場合、次のステージに移っていくことを感謝の気持ちで見送りたいと思っている。「花の森」も、あとから来る人に少しずつ引き継がれていって、姿を変えながら子どもたちの育つ環境がさらによくなっていけばいいだろう、とも思っている。

家庭をもつクルーにとって、子どもの授業参観や病気のときは、お互いに気持ちよく休める職場づくりをこれまで目指してきた。クルーの確保もでき、実力も付いてきたので、かなり補えるようになったと自負している。ところが、子どもの成長と入れ替わるように、親の病気や介護という問題が現実のものとして浮上してきた。

子育てと同じようにカバーし合って、復帰したときにはポストが保障されている職場ではあるが、肉親の介護における苦労や、亡くした喪失感を味わってしまうと、早々精神的に立ち直れるものではない。事実、逸見智子さんの場合はとくに重傷であった。

智子さんは、息子の勇斗《はやと》が在園中は「親の会」の会長として、保育クルーの目や手の行き届かないところをサポートしてくれた。その当時は、殴り書きの私の原稿をきれいな楷書で仕上げてくれ、それぞれの家庭に「園だより」として配布してくれた（昔のお便りが美しいのはそのせいである）。そして、勇斗が卒園したあと、保育クルーとしてかかわるようになった。

智子さんにとっても、実父の死は大きな打撃となった。一線を退かれたとは言っても、秩父市の教育長を務められた方である。開園式のとき、病身にもかかわらず駆け付けてくださり、「大切な娘と駆け落ちしたのはお前か」と叱られたらどうしようと心配しながら挨拶した際、やさしくうなずいてくださった。応援してくださっていることを、そのとき私は確信することができた。

そのお父さんが亡くなられたあと、智子さんは理由をつけて、なかなか保育に出てこなくなった。映画『ネバーエンディングストーリー』（一九八四年）のアルタクスのように、智子さんが悲しみの沼に捕まって、沈んでいってしまうように私は感じた。

このまま、彼女にとっての「花の森」の活動をフェイドアウトさせてしまってもいいのだろうか。私はとても悩んで、「いつまでも休んでいいよ、と言うのは、かえって智子さんにはよくないかもしれないと思う。なにか、智子さん自身が沈んでいってしまっているような気がするんだ……」と根岸佳代子さんに相談した。

「出て来てもらわないと困るって、はっきり言ったほうがいいんじゃない？」と佳代子さんも言うので、私は智子さんに電話をした。

「智子さんが自分のことで悲しみの沼に沈んでいくことを、誰より望まないのはお父さんだと思うよ。だから、出てきな」

　勇気を出して、伝えたいことは伝えた。あとは、智子さん自身が決めることになる。

「時薬《ときぐすり》」という言葉がある。この薬がよく効くために、とりあえず動くこと、人に会うことで生きる意欲が増し、少しずつ自分を取り戻していくことができる。人生、誰もがそういうことを繰り返している。

　このときの危機を乗り越えた智子さん、現在、「花の森」の保育クルーの中核を担っている。保育の学校を卒業したのに事務職に就き、その道に進まなかった彼女が、図らずも今はお父さんと同じ教育の道で生きている。そのことを一番喜んでいるのがお父さんであることを、私は疑わない。命は生物的な肉体の死を迎えて、残された人のなかに永遠に生きはじめる。

命をいただく

自然界からのいただきもので、私たちの生活は成り立っている。ほんの一三〇年ほど前、中山道を江戸から京都まで七泊も八泊もかかっていた人たちが、ＳＮＳで情報が飛び交う世界を見たら、人類は魔法が使えるようになったのかと思うことだろう。

新幹線のパンタグラフをカワセミやフクロウから学んだり、サメに学んだ競泳用の水着など、その道に長けた自然界の生物に学ぶことによって遂げられた技術革新は多い。人間の研究、分析、応用技術の評価は高く、素晴らし技術革新はスポットライトを浴びるわけだが、それらを生まれながらにもっている自然界への畏敬や敬意はどうなっているのだろうか。

ある日、親を亡くしたばかりの五羽のヒヨコを自宅に連れ帰り、湯たんぽを何重にもタオルでくるんで、ヒヨコが親鳥に抱かれるような装置をつくって育てた。そのとき、「～のようなもの」にはなったかもしれないが、非常に効率が悪く、親鳥のような温みに到底近づくことはできなかった。チャボの子育て一つとっても、尊敬の念を抱かずにはいられない。

そのころ「花の森」では、シイタケ、シメジ、エノキなど、キノコの駒打ち（1）をして育てていた。

秋、雨が上がって山に入ると、身の厚い、香りのよいシイタケがニョキニョキと育っていた。子どもたちは、ひとしきり山で駆け抜けたあと、道々それを摘んだりしながら背負子《しょいこ》に小枝や葉っぱ集めて山を下りる。背負子を下ろすと、石を組んで火を起こし、採りたてのキノコをおやつにして食べた。これまで「同じ釜の飯の日」を通じて、また普段の生活のなかで、植物の命をいいただくことによって私たちの命がつながるという経験を重ねてきた。

岩陰や茂みで見つけるチャボの卵は、子どもたちにとってはお宝だ。誰もが、そんな幸運にめぐり会いたいと思っている。とくに、産み落としたばかりの卵は温みが残っているから、子どもたちは卵を包み込むようにして運んできて、見せてくれる。

このときの姿を見ていると、卵は子どもたちにとっては食材ではなく、命だと感じているように思える。

（1）それぞれのキノコに合った「原木」に、「種駒」と呼ばれる直径一センチ、長さ二センチほどの円筒形をした木片（キノコの菌糸を純粋培養したもの）を、春先にドリルなどで穴を開けて種駒を埋め込む作業のこと。

キノコの日

ある日の朝、鳶《トンビ》に襲われてチャボが死んだ。小屋から出してすぐのことだった。先生たちも子どもたちも面食らって、すぐに鳶を追った。あたり一面に羽が散らばり、チャボは絶命していた。

健康なチャボの雄は、群れが襲われそうになると自らが矢面に立って、雌の群れを命がけで守るという習性がある。また、土を掘ってミミズを見つけると、自分では絶対に食べずに「チッチッチッチッ」とミミズのいる所に雌を誘導してプレゼントする。そうやって、多くの雌の信頼を勝ち取り、群れを守るだけの力があることを示した雄が群れを統率しているのだ。

そんなチャボの亡骸を、しゃがんで子どもたちと取り囲み、驚きや悲しみが落ち着いてくると、たった一羽の羽の多さ、どうして襲われてしまったのか、この亡骸をどうするのか、といったことが子どもた

チャボの亡骸を囲む

ちから話されはじめた。

年長の渉《わたる》が、「たべてやろうか……おなかのなかにいれてやって、くようするか。チャボも、そうしてといってるとおもう」と言った。

お腹の中に入れて供養するという感覚がどうして渉にあったのだろうか。どこかに眠っていた原初的な感覚が出てきたのだろうか。いくら自然保育の現場とはいえ、幼児の生活とはかけ離れている。さばいて食するということを、「花の森」の生活の場ではまったく想定していなかった。同じ年長で、ギョッとした子どももいたが、「可哀想」とか「埋めてやろう」という意見は出なかった。

みんなで羽を拾い、大急ぎでさばける人を探した。バスの運転手をしていた酒井さんに聞くと、二つ返事で「できるよ」と引き受けてくれたので、さっそく湯を沸かし、その行程を子どもたちとともに見ることにした。

血を抜き切って羽をむしり、さばいていくと、「これが砂肝」「これが手羽」「これ胸」と、なんだか焼き鳥屋のメニューのような言葉が並び、さっきまで目の前を駆けていた私たちの仲間はスーパーの精肉売り場に並んでいる薄桃色の食材になっていった。

「いただきます」と言って食べた地鶏の味噌汁は美味しかった。気持ち悪がったり、食べないと言う子どもは一人もいなかった。チャボは私たちのお腹の中で、私たちの命になった。

僕は、自分がキライ

「日本三大曳山祭り」の一つと言われている「秩父夜祭例大祭」は、毎年一二月三日、四日に行われる。二〇一六年現在、約六・四万人の秩父市の人口が観光客で三倍に膨れ上がるときである(「まえがき」参照)。この祭りが終わるとそろそろ一年を締めくくり、新年を迎えるという静な雰囲気になっていくのだが、そんなころに航太《こうた》はやって来た。目がクリクリとして、ひょろっとした年長の男の子である。

都内の私立幼稚園に通っていたのだが、航太が「ぼくはバカだ。ぼくはじぶんがキライ!」と言ったことにショックを受けたお母さんは、これまでの生活に見切りをつけて、航太の生活環境を自然に近い状態のものにしようと思い至った。「森のようちえん」というキーワードで検索したら都心に近い「花の森」がヒットしてすぐに訪ねてくれたのだが、「秩父夜祭」で臨時休園のときで、傷心の航太を迎えたのは山羊の「すみれ」だけだった。

後日、お母さんとお祖母さんに面談をさせてもらった。「花の森」としても、このようなケースは初めてだった。六歳の子どもが「じぶんがキライ」と言うのには余程の事情があると推察された。都内にある有名幼稚園に通っていたという話を聞き、こちらも少し怖気づいてしまった。

「うちでいいんですか……。あと三学期だけですし、そちらを卒園されたほうが……」と言いかけた言葉に重ねるように、「もう、辞めてきたんです」ときっぱりお母さんは言った。強い意志が感じられるし、説明された事情にも共感できるのでお引き受けすることにした。

話を聞いたとき、航太をその環境に置いていたら危機的だと思われた。事実、航太はいつもオドオドして、大人の顔色ばかりをうかがっていた。その反面、ほかの子どもたちにちょっかいを出して、「キャーキャー」と言わせてはかかわりをもとうとしていた。

挨拶代わりに友達の帽子をヒョイと取っては逃げ去り、「ベロベロベロー」とする。「キャー！やめてよぉー」と追いかけっこがはじまる。友達とかかわりたいという行動が裏目に出ていた。だから私たちは、そんな航太の動きを叱らなかった。

いつものように、砂場で泥団子を丸めていた心悠《みゆう》の帽子をヒョイと取り、走って逃げた航太を追いかけようとした心悠に、「追いかけないでいてごらん。航太はお団子がつくりたいのかも」と言うと、そのまま団子を丸め続けた。

園庭を一回りした航太は、「ドヒュン」と心悠の頭に帽子を着地させた。すると心悠が、「だんご、つくる？」と誘った。想定外の心悠の対応に戸惑いを見せながらも、航太は心悠の向かいにしゃがんで、見様見真似で団子をつくりはじめた。それからというもの、少しずつだが航太は余計な気を引くようなことはせず、素直にそれがやりたいと意思表示ができるようになっていった。

心悠《みゆう》に詳しい説明をしたわけではない。私は前述したことしか言っていない。ひょっとしたら、心悠は航太《こうた》の行動に共感していて、分かったうえで私の作戦に乗ったのかもしれない。このように、大人以上に推して知る能力が現れるときに子どもの凄さを感じてしまう。

お弁当の時間、「花の森」ではお弁当談義に花が咲く。「デザート、なーんだ？」「うちのおとうさん、せんせーだけど、ねっころがって、えびせんたべるで」「きのう、スーパーでおならがでちゃって」「ああ〜、マナーいはん！」と、賑やかだ。

友達を身近に感じながら、楽しくおしゃべりをして食べるのが「花の森流」。席も決まっていないので、席決めのときから意欲的となる。子どもなりに、今日は誰と話したいとか、安心したいとかという希望があるのだろう。その様子を見て航太が、「せんせい、おしゃべりしてる。ちゆういして」と言った。

「いいんだよ。航太君のこともいっぱい聞かせて」

キツネにつままれたような顔をする航太。その食べ方は緊張したものだ。それがゆえに、ポロポロとパンをこぼして、私に何を言われるのだろうかと大きな目でオドオドして眺めている。

「拾っておいてね」と言ったら、拍子抜けしたように「それだけ？」と言った。

「うん。ほかに何があるの？」と聞いたら、航太はそれには答えず、パンくずを拾った。

「それだけ？」という言葉が気になったので、お母さんに連絡をとり、園での様子を話したあと次のように尋ねた。

「新しい環境で緊張しているせいもあるかと思いますが、おうちでお食事のマナーは厳しくしつけていらっしゃいますか？」

「前の幼稚園では、食事中におしゃべりをしてはいけなかったし、こぼしたりすると、その班全体がシールをもらえないというペナルティーがありました」

オドオドしている理由が分かった。「食べた気がしない」というのは、こういうことではないだろうか。

後日、「同じ釜の飯の日」、航太は味噌汁にガーゼのハンカチを被せていた。どんな目的があるのか分からなかったが、こぼしそうだなと思ってそのままやらせておいた。案の定、食べながらひっかけてこぼしてしまい、味噌汁がテーブルの上に広がった。やばいことになった、という顔をしてこちらを見ていた。

「火傷《やけど》しなかった？」と尋ねたら、素っ頓狂な

お弁当談議

顔で「だいじょうぶ」と言って、それから「ふくの？」と聞いてきた。「おねがいね」と私は答えた。

　このような経験をして、航太《こうた》は後始末をするということを覚え、お椀にはハンカチを被せないほうがいいことも学んだ。そして、忘れていた「ありのま」というあり方を少しずつ取り戻していった。

　航太の一家は東京の自宅を引き払い、秩父に家を建てて移住することになった。「ぼくのなは、やまのべこうた、ここにいる」と、五七五遊びで詠んで「花の森」を巣立っていった。

東日本大震災

　卒園までの日々を慈しみながら過ごしていた三月一一日（金）、東日本大震災が起きた。ちょうど、子どもたちのバスを送り出したあとだった。地面が

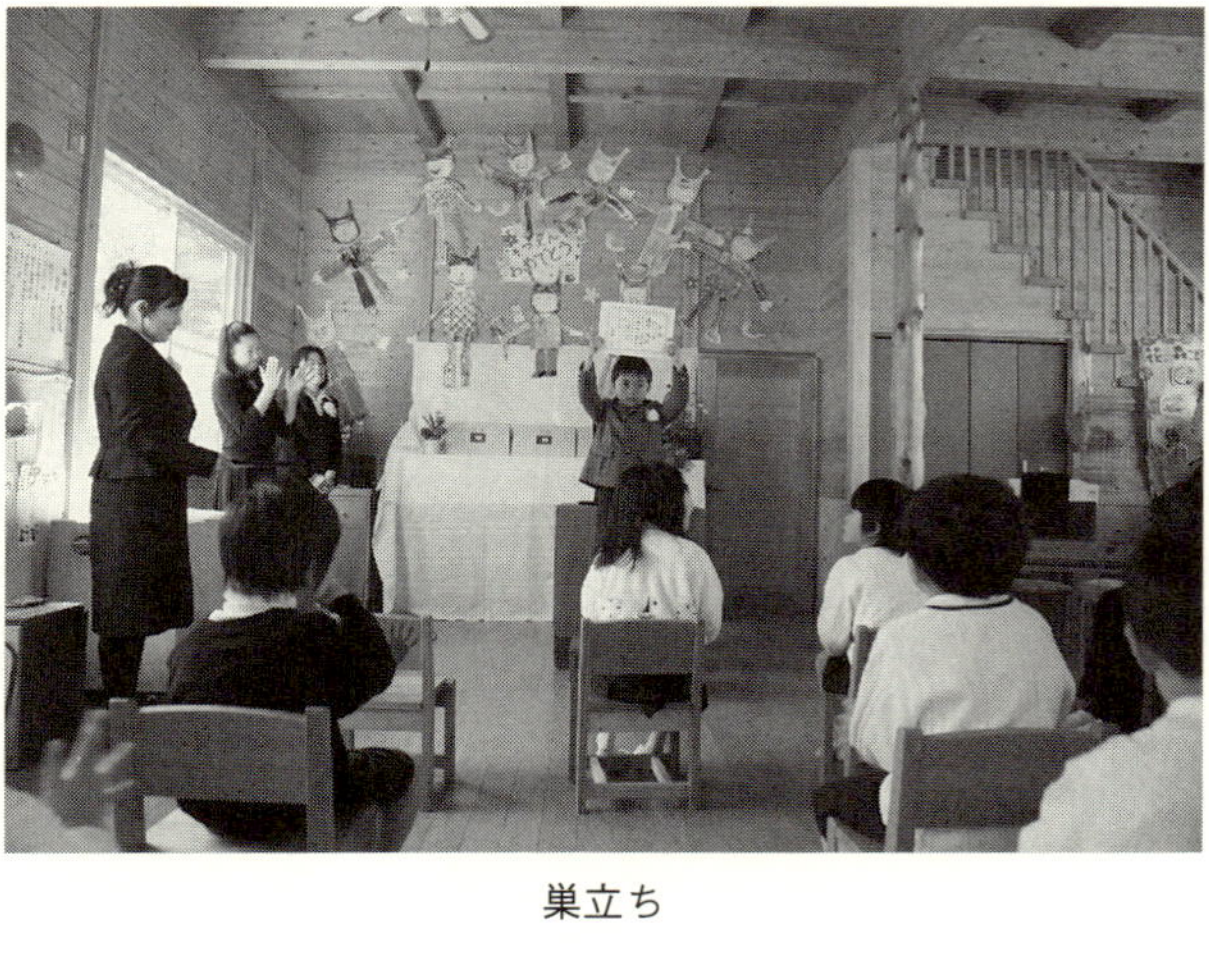

巣立ち

かなり長く揺れ、「これはただごとではない」と思って、すぐにバスの担当をしていた根岸佳代子さんに連絡したがつながらない。何か、凄いことが起きていると感じた。

途端に停電した。すぐに車のラジオを付けたら、宮城県沖を震源とする地震であることが分かった。地震の少ない秩父でこれだけ揺れているのだから、かなり大きな被害が出ているのではないかと心配になった。しかし、東日本一帯から関東圏までの被害、そして首都圏の交通マヒ、さらに津波や原発事故が起きるとまでは考えもしなかった。

園バスは無事に子どもたちを送り届けている。「走っていて揺れは感じなかった」とも言うが、人々がみな道路に出ていて、市役所の窓が割れているのを目撃したということだった。

週明けの月曜日、「花の森」は通常の保育ができた。被災地の方には申し訳ない気持ちになったが、停電に続いて計画停電という生活になり、子どもたちが毎晩、怖い思いをしているのではないだろうかと心配になった。

「うんとねぇ、ろーそくをつけてねぇ、くらいから、おとうさんとおかあさんとおねえちゃんとおんなじへやにいてねぇ、こたつにあしをつっこんでたらねぇ、あしとあしとかあたったりしてねぇ、すごいくっついてたんだ」と、話してくれたのは太郎だった。

お父さんもお母さんも、子どもたちの安全をしっかりと確保してくれているようだった。恐怖感というよりも、家族でギュッとした空間にいられたことを特別な日のように感じていたようだ。

その後、子どもたちの遊びのなかに「地震」や「津波」が登場するようになった。

東日本大震災が起こったことで、長期にわたる深刻な問題を抱えることになった。「花の森」の現実としては、地震の被害よりも原発事故の影響が大きい。園で何をどうしてよいものやらさまざまなことを考え、「雨に濡れないように」「海藻をたくさんとるように」「洗濯物は外に干さない」「体についた埃はよく払って」「部屋の拭き掃除」「マスク着用」「外出は控える」といったようなことを思いつくまま各保護者にメールをした。何よりも、現状が正確に把握できる情報が欲しかった。しかし、国の発表は「ただちに健康に影響はありません」でしかなかった。

大きな代償を払い、人類の処し方について改めて考えることになった。つまり、人類は岐路に立たされたのだ。地球が上げた渾身の叫びに対して、生き残った私たちの務めは、分かち合いを取り戻すことでしかない。しかし、子どもたちを守り切れるのだろうかという不安に襲われた。「すみれ」とともに山の斜面に広がるやわらかい緑に膝まずき、「間に合ってください」と祈った。

土壌にはあちこちにホットスポットがあって、子どもに長居をさせたくない所が測定によって明らかになった。「花の森」でも、すぐに詳しい市民科学者にお願いして勉強会を開いた。

「花の森」は私たちでつくっている場所だから、保護者と園の協働で取り組むことが容易であった。秩父地域のなかでも土壌や空間線量は低いほうだったが、口にする食物については、時期を同じくして市民でつくった測定室で計測をすることになった。

事故当初は、ヨモギ三〇ベクレル、クロモジ二五〇ベクレルと、森のようちえんなんかやっている場合じゃないとか、薪ストーブと言っている場合じゃない。「花の森」なんて、もうおしまいだよというほどの絶望感が漂っていた。しかしこれは、秩父にかぎったことではない。東京大学の調査では、セシウムの溜まりは移動するともいう。だから、日本中が情報を鵜呑みにせず、原発事故後の子どもの環境を自覚して、向き合っていくことが必要だと思う。

現在でも測定は続けている。たとえば、ヨモギは食べる量以上を摘んで選別し、測定した分は、不検出でも鮮度が落ちていて使い物にならない。栗は、皮をむいてクラッシュしている。そんな手間を、親たちが指先を赤くしながら続けている。少し前まで、何の疑いもなく木の実を摘んで口にし、キノコを採っては食べていた。当たり前に享受していた生活が、一瞬にして消え去ったのだ。なんでもないことがどれほど幸せなことであったかを、噛みしめている。

ある日、クルー全員で、広島での被爆を経験して、内部被爆に苦しむ人に寄り添ってきた医師である肥田舜太郎さんの講演会を聴きに行った。そのとき、ある若い母親が質問した。

「最初の子を不運に亡くし、ようやくまた授かった命。ようやく気持ちを立て直して子育てをしていた矢先の原発事故でした。いったい、この子に何を食べさせればよいのでしょうか？　どうしたら、この子はこの先、健康に大きくなれるでしょうか？」

肥田さんは答えた。

「今、あなたの気持ちが晴れるような答えを私はもっていません。けれど、あなたが自分の子どもにこのホウレンソウを食べさせられるかどうかを考えるように、隣の子どもにも、同じクラスの子どもにも、そして日本の子どもたちにも想いが及んだときに社会が変わります」

クルー全員でこの話を聴けたことは、とても大きな財産になっている。なにも、原発の問題にかぎったことではない。私の三人の息子は理解困難な別の人間に育っており、「我が子」という表現には抵抗があるくらいだ。それゆえ、さまざまな案件について、子どもたちにとってはどうなのかと思案することで道が開けていくと思ってやって来たことがたくさんある。それだけに、肥田さんの言葉にはいたく共感した。

このように、課題を抱えた社会の中に子どもは存在する。子どもにかかわる人のなかで、自分の考えを探せない、あるいは表せない人が多い。私はそれらの人のことを、「偽物の子ども屋」だと思っている。

「花の森」を支援してくれるＪＲ東労組（東日本旅客鉄道労働組合）の人たち

東日本大震災の被災地へ「花の森」が救援物資を送る際に、ＪＲ東労組高崎地方本部の委員長である堀口真明さんが多大なる協力をしてくれた。

堀口さんとの出会いは、一三年ほど前にさかのぼる。平成の大合併以前、私の住まいが秩父郡吉田町だった二〇〇三年、秩父事件(2)を扱った神山征二郎監督の映画『草の乱』の制作において、吉田町は町を挙げてそれにかかわった。私も地元住民として延べ八〇〇〇人のエキストラの集約にかかわり、ＪＲ東労組は、全国から数百人のエキストラを秩父に送り込んでくれた。その担当が堀口さんだった。

制作にかかわりはじめて映画が自主制作であることを知ったエキストラ有志は、『草の乱』の宣伝を目的として、二年間の時限組織として「映画『草の乱』エキストラ友の会」（通称、エキ友）を結成することにした。東京・五反田にある「IMAGICA」での試写会の折にそのことを堀口さんに伝えたところ、活動に参加してくださることになった。

神山監督と脚本家の加藤伸代さん（故人）の承諾をいただいたのち、エキ友に参画したＪＲの方々とは寸劇入りの秩父事件についてのワークショップを開催したほか、学校や公民館では公演

（2）　米の取れない山間部に暮らす秩父の農民たちの生業は養蚕が主であった。松方デフレ政策に苦しんだ秩父地方の農民が、借金返済や学校制の猶予について要望したが叶わず、一八八四年、自由自治元年のムシロバタ旗を掲げて明治政府に対して武装蜂起した。選挙権もないこの時代に、武装蜂起に至るまで交渉や請願を繰り返したという事実はあまり知られていない。時の宰相山県有朋は、鎮台兵を要請してこれを鎮圧した。

も行っている。このことは、『足尾鉱毒事件・秩父事件への旅路』(仲井正和著、まつやま書房、二〇〇九年)で紹介されたことをはじめとして、雑誌の取材を受けたほか、社会学の論文にも記載されている。映画を通して知り合った「大人の部活動」として、一世を風靡したとも言える。

もともとJR東労組は、秩父事件については労働争議として研究顕彰を重ねていたという。また、足尾鉱毒事件についても、鉄道として社会情勢と鉄道員の職場環境や安全、そして賃金交渉についてては深くかかわりがあるので学び続けているということを初めて知った。

堀口さんは豪放磊落《ごうほうらいらく》な方で、若い組合員の父親の葬儀に行った際、ご遺族である母親の「不束な息子がいつもお世話になりまして」という挨拶に、「お母さん、そんなことは分かっています」ときっぱり言い切るような人である。その一方で、絶対に見放さない面倒見のよい人柄であり、自らが率先して一番大変なことをやってしまうという人である。

そんな姿勢に男が惚れるのだろう。年齢の上下にかかわらず、人望の厚い人である。「できない理由を探す暇があったら、目的のためにどうするかを考える」という堀口さんの姿勢には学ぶところが多い。

エキ友が縁となって「花の森」も組合員のみなさんとの交流が深まった。組合の立場で「花の森」の労働環境を検証したら、「職場の風上にもおけない」所であろう。にもかかわらず、二〇一六年四月に発生した熊本の震災に支援物資を送るときにも移送で力になってくれたし、ドングりの苗を育てて南相馬の防潮堤を造るという取り組みや、「花の森」の「わくわく秋祭り」や「餅つき会」、「節分」などの行事のときにも多くの組合員に助けてもらっている。

堀口さんの武勇伝は数々あるようだが、うかがった話から一つだけ紹介しておこう。

学生時代、「皆勤賞は卒業証書くらい大きい証書で祝福してくれ」と言われたそうだ。昨今、あまり耳にしなくなった皆勤賞だが、確かに筋の通った主張だと思う。先生を困らせる腕白坊主であっただろう堀口さんでさえ、休まずに行くことがどんなに大変なことかを知っていたのだろう。それだけに、「大きい証書で祝福してくれ」という言葉の意味は深い。「ようちえん」と労働組合、いかにもミスマッチな関係がするのだが、「花の森」ではごく普通の出来事となる。

鬼役をしてくれた労組の若者

コラム 1 親子で成長できた「花の森」

（逸見智子：保護者・現スタッフ）

勇斗《はやと》が幼稚園生活にも慣れた2007年の秋、園がガラリと変わってしまうという事態が起こりました。私たちの願いは叶わず、園は新体制へと移行が決まり、各家庭で転園か、このまま残るかという決断を迫られました。私は新体制に納得がいかず、仲良しの友達と勇斗を離れ離れにしてしまうことに悩みましたが、転園を決断しました。

その後、２年間「花の森」でお世話になった勇斗は、毎日泥んこになって、身体全体で季節を感じながら伸び伸びと過ごしました。自然の中で遊びを見つけ、動植物と毎日過ごし、生命の息吹を感じたように思います。さりげない声掛け、惜しみない愛情をもって見守る先生方、最高の２年間でした。

小学校に入学してからは、さらに柔軟な考えや行動ができたようです。自然の中での遊びや生き物とのかかわりにはたくさんの選択肢があること、相手を受け入れることなど、生きていくうえでの大切なことを「花の森」で学んだ結果でしょう。もう一つ特徴的なことは、勇斗の周りには年齢を問わず友達がたくさんいるということです。遊び方に魅力があるようで、どんなアトラクションやおもちゃよりも想像力の豊かな遊びが生まれているようです。卒園の時にいただいた「遊び発見賞」が宝物です。現在、中学生になっていますが、これからが楽しみです。

「花の森」での毎日は、私自身、今まで気付かずに過ごしてきたことに意識が向けられるようになり、一緒に成長できたと思います。「花の森」の今後の発展に、共に歩んでいきたいと思っています。

野球部で頑張っている勇斗

第5章

いろんな命が育つ場所

（2011年）

「かなりや」

二〇一〇年八月、「登校拒否・不登校を考える親の会　全国の集いin埼玉」が秩父市で開催された。「不登校の親の会」を月に一度開催してきた大久保はるみさんは、これをきっかけに「不登校・ひきこもりを考える埼玉県連絡会」にかかわることになった。「花の森」もこの全国大会に出店協力し、私は当地の歴史話として「秩父事件」の話をさせていただいた。

はるみさんは自身の経験から、登校拒否や不登校の親子を孤立させないために、地道に親子にかかわる実践を重ねてきた。そして、全国大会が秩父で開催された秋に学童保育室を辞職し、パソコンの技術を身に着けたのち、二〇一一年春には私たちのNPO事業に本格的に加わり、不登校・ニート、ひきこもりの居場所「かなりや」の事業をはじめることにした。その拠点は、ムクゲ自然公園内にある鶴の屋根の建物である（序章参照）。

（1）唄を忘れたかなりやは
　うしろの山に すてましょか
　いえいえそれはなりませぬ

（2）唄を忘れたかなりやは
　背戸の小藪に うめましょか
　いえいえそれもなりませぬ

（3）唄をわすれた かなりやは
柳のむちで ぶちましょか
いえいえそれは かわいそう

（4）唄をわすてた かなりやは
象牙の船と 銀の櫂
月よの海に 浮かべれば
わすれた唄を 思い出す

子どもたちの居場所となる「かなりや」という名前は、西条八十[1]の歌『かなりや』からつけられたものである。西条八十自身のことが歌われていると言われているこの童謡、なんとも極端で残忍な歌詞となっている。（1）から（3）番の厳しい提案は世間の声だろうか。それをなだめるように切ないメロディーが繰り返されるのだが、（4）番から転調して、排除やスパルタではなく、環境によって自らの唄を取り戻していくという心を打つものとなっている。

パソコン教室で鍛えたはるみさんの技術はすごかった。「かなりや」では、懐の深い聞き手として彼女の右に出る者はいないが、それ以上の能力があった。私は彼女のことを「助成金ハンタ

（1）（一八九二～一九七〇）詩人としてだけではなく作詞家としても活躍している。『東京行進曲』『青い山脈』『王将』など数多くのヒットを放った。また、児童文芸誌『赤い鳥』などに多くの童謡を発表した。『かなりあ』は、同雑誌の一九一八年一一月号にて発表されたもの。

—」とも呼んでいる。保護者からの保育分担金のみで回している保育、生きづらさを抱えた親子に対して育ち直しの環境を整えていく「花の森」、その理念達成の事業のためにも助成金は欠かせない。

助成金は、申請したからといって助成されるものではない。そのため、「花の森」にあった助成金事業を見つけると、まずはるみさんから申請書の叩き台となるメールが届く。それを膨らませたり、整理したり、ダメ出しをするのが私の仕事となっている。人生の大先輩にあたるはるみさんにダメ出しをするというのは、何度経験してもやはり気が重い。

いつだったか、「私のこと、心臓に毛が生えていると思わないでね～」と、はるみさんとともに「かなりや」を運営している瀬戸山いづみさんに弁明したら、「剃っているとばかり思っていましたぁー」と笑顔で答えられたことがある。生々しい絵が頭に浮かび、しかもそれが普段は楚々とした女性からの言葉であっただけに驚いたが、逆に「この人は面白い！」と感動した瞬間でもある。

瀬戸山いづみ　管理栄養士、デイケア補助スタッフ、学校補助員を経験。長男の引きこもりをきっかけに、2011年秋から「かなりや」に親子で通う。「ゆいっこ」には立ち上げからかかわり、クルーとなって「花の森」やNPOの事務全般を担当。

いづみさんは、「花の木幼稚園」の元保護者で、三人の子どものお母さんである。我が家の息子とは学年が違うのだが、当時はＰＴＡの役員をしていて、上品で控えめで、スマートに仕事をこなすという雰囲気の女性であった。

「花の森」との縁は、いづみさんが「わくわく秋まつり」（一五九ページ参照）を訪ねてくれたのがきっかけだった。引きこもりがちな長男が「かなりや」を利用していたことから支援者となり、そして現在は、柔らかい物腰でＮＰＯの事務局を切り盛りしてくれているスーパーウーマンである。

確実に助成金にたどり着くためには、はるみさんに遠慮をしているわけにはいかない。えーい！　こうなったら、心臓に養毛剤を振りかけてはっきりと言おう。きっぱりと修正をお願いするメールを夜遅く、トラツグミが鳴く時間に送ると、すぐに修正されたメールが戻ってきた。

「えー！　起きていたんだぁ！」

秩父の一等地に住むはるみさんの自宅も、家人が寝静まり、キーボードを叩く音だけがしていることだろう。何度も何度も、夜中にメールが飛び交うことになる。夜中まで、私の荒唐無稽な妄想をいつも面白がって聞いてくれている。そして、いつのまにかこの膨れ上がる妄想を共有し、具現化していくという「花の森」の力は、これまでにお世話になった助成金事業によって鍛え上げられてきたと思う。

「かなりや」の開室に先駆けて、前述した全国大会がきっかけで「花の森」を知ることになった中学二年の環奈《かんな》が「花の森」にやって来るようになっていた。環奈は、小中学校の先生が一目置くようながんばり屋さんだったという。

成長期に起立性調節機能障害を患って学校に行けなくなり、「花の森」で子どもたちと過ごしてから中学校の相談室へ登校するという生活を、卒業するまでの一年半続けることとなった。環奈を引き受けたのは、前章で紹介した絵里香のときのように、思春期の若者と園児の心の安定効果を経験していたということもある。

私たちの仕事は、学校の理解を得ることだった。「花の森」に行けるのに、何故中学校には来られないいんだというところを、ちゃんと理解してもらわないといけない。

校長室を訪ね、相談員と連携を図った。学校側はよく話を聞いてくれ、「花の森」に通うことを快く許可してくれた。相談員も、「花の森に行ってから中学に来ると、とても生き生きとしています」と評価してくれた。

「花の森」で子どもたちに囲まれている環奈は、まるで白雪姫のようだった。のちに「花の森」の広報誌である「結ひ」に、環奈は次のように書いている。

――大人が見過ごしてしまうような小さな命でも、こどもは純粋にそれを守ろうとするのです。そんな姿をみて私は気持ちがほころび、やさしい気持ちになりました。

こんな環奈は、手づくりの「あみぐるみ」を子どもたち全員にプレゼントをしてお別れをし、中学校を無事卒業して、自ら選択した高校へと元気に進学していった。

「かなりや」は、現在まで絶えることなく、若者やその家族が年間延べ三〇〇人ほど利用している。開室日でないときも、要望があれば、はるみさんは相談を受けていた。助成金で賄いきれないところは、すべてボランティアである。私としては、このままではいけないと思っている。この場所の存在意義と、はるみさんをはじめとするクルーの仕事に見合った対価をきちんと保障しなければ、どんなにいい活動でも継続していくことは難しい。それこそ自己満足で、静かにフェイドアウトしてしまうことだろう。

加えて、家から一歩も出なかった子どもが車に乗ってやって来る。車から降りられなかった子どもが「かなりや」の戸を叩き、ここで出会った同世代の子どもたちと会話をし、自分のことを話せるようになる。園に下りてきて、「すみれ」の小屋のスノコをつくってくれたりしながら大笑いをしている。しかし、ここでも新たな課題を感じてしまう。今度は、理解者に囲まれた「かなりや」に引きこもってしまうという危惧である。

山の中に「かなりや」がある意味を、ずっーと自問してきた。そして、散策をするように、若者を自然や「花の森」の園児にかかわらせていけるようにしてほしいと提案してきた。もちろん、難しい状況にある子どもがいることも承知のうえでのことである。

この課題が、二〇一三年にはじめることになった「ゆいっこ」の開設につながっていく（二〇七ページ参照）。若者たちは、最初は調子はずれだったり、ちょくちょく休符があったりするが、いつかコロコロと忘れた唄を歌い出す。そう遠くない明日には籠から飛び出し、梢の先で歌っているはずだ。

玉手箱

ここに、九本のカセットテープがある。

「よしだとーへーでしゅ。三さいでしゅ。おたぁさんだいすきでしゅ。おたぁさんのおべんとおいしいよ……ありさんのおつかいをうたいましゅ♪」

「おかあさん、だいだいだいすきでーす！　おべんとうおいしいよ。大きくなったら、おてつだいをたくさんします。たのしみにしていてください」

私の三人の息子たちが、かつて「花の木幼稚園」に通っていたときに録音してくれた「母の日」のボイスレターである。今は見上げるように大きくなって、声も太くなって、所在も安否も分からないときがあるほど、すっかり手を離れてしまった声の主たち。家でビデオを撮るという習慣のない家庭なので、子育ての記憶は耳の奥や瞼の裏にあるメモリーに残されている。

テープを再生すると、かつてはこんなにも子どもたちに必要とされていたときがあったのかと、クラクラするような心地よい目まいが呼び起こされる。つまり、玉手箱である。この玉手箱を、「花の森」のお母さんたちにも贈りたいと思った。

母の日を前に、少しずつお母さんをテーマにして、子どもたちのイメージを膨らませていく。「おかあさん」、このテーマは子どもたちがもっとも得意とするものである。「お母さんのどんなところが好き?」と質問すると、自信満々に、それぞれの世界で一番のお母さんを語り尽くしてくる。上位に入るのは、「匂い」「手」「笑った顔」などである。いろんな感覚を使って、子どもが好きという認知をしていることが分かる。それは、香水の匂いではないし、ハンドクリームのCMに出てくるようなきれいな手ではないし、もちろん器量のことでもない。肌の匂いであり、水仕事でガサガサの手であり、カラスの足跡である。

お母さんが怒っても、さぼっても、寝坊しても、子どもはお母さんが大好きで、いつも許してくれている。逆だったらとんでもないだろうなーと思うが……子どもは寛容である。よく、親は無償の愛で子どもを育てるというが、私は逆だと思っている。子どもこそ、親のありのままを無償に愛してくれている。

よそのパパやママと比べて溜息をついたり、パパの収入が上がったらチューしてあげるとか、ママが痩せたら一〇〇点とってくるとかは、言ったことがないはずだ。えびせんを寝転んで食べていようと、大きなオナラをしながら歩いても、全部好きなのだ。一方、親のほうは期待と欲の区別がつかなくなるし、成果主義を平気で使って子どもを落胆させている。

「おたぁさんのうたをうたいます。♪おたーさん、なぁーに？　おたーさんていいにおい。おりょうりしていたにおいでしょ。たまごやきのにおいでしょ。二番！　おじぃーさん、なぁーに？　おじぃーさんていいにおい。：@p&%$#＊〝!+&5%$3#・・・でしょ」

「おかあさんのてが……てがすきでしゅ。またおててつないでくらしゃい」

「わらってるおかあさんがしゅきです」

母の日の声の贈り物（CD）

子どもの声に耳を傾けよう。大人が聞きたいことを聞くのではなく、子どもが話したいことを聴こう。時に、その言葉で一生生きていけるくらいの、または、これまでの価値観が変わるくらいの珠玉の言葉を子どもは発している。

父親参加日

次男が二歳のとき、ようやく片言を話しはじめたのがうれしくて、かなり自信たっぷりに「一番好きな人はだぁーれ？」と尋ねたら、しばらく考えて「じ・ぶ・ん」と言った。意表を突かれ、違う人格であることを悟った瞬間である。

しかし、多くの子どもたちはそれぞれの家庭のなかで、お父さんやお母さん、あるいは祖父母など、身近な大人との愛着関係を結ぶことによって、人格形成を安定させるためのエネルギーを蓄えている。よって、「好きな人は誰か？」と子どもたちに問えば、九九パーセント身近な人が挙がる。

男女共同参画の時代とはいえ、性差はある。その特性を生かして仕事を分担しているわけで、父性と母性が糾《あざな》う縄のごとくに補い合って子育てを行い、社会を構成している。ただ、幼児には、特別な事情がないかぎり母親主導の場面が多いため、母親たちはすぐに「輪」になれるが、父親が協働する場面となるとなかなか難しい。そこで、意図的に父親参加日を設けた。参観日ではなく「参加日」である。この日は、お父さんたちに汗をかいていただくことになる。

夏の前に行うプールの設営と草刈、そして夏の終わりに行うプールの撤去と草刈である。大人が汗をかいて働く姿は、子どもにとって望ましいモデルになると思っている。共有の場所をよくするためにお父さんたちが協働する姿は、それの倍以上に頼もしく映り、子どもの目と心を捉えて離さない。

山の草が生長する勢いは、とてもクルーたちだけで刈ったのでは追いつかない。お父さんたちが協働して作業をしていると、子どもたちも安心して自分たちも草を刈るようになる。地味な仕事を清々しくこなし、それによって安心した山での生活がかなうという体験をすることになる。

そういえば、鶏小屋に青大将が入ったとき、急きょ床にセメントを張って欲しいとお願いしたにもかかわらず、たくさんのお父さんが集まってくれた。「ここぞ」というときに力を発揮してくれるお父さん、お母さんの日常性とはまた違った頼もしさがある。

それにしても、お父さんたちの人脈や集中力、そして稼働力の大きさにはやはり圧倒されてしまう。水道栓が壊れたとき、すぐに知り合いの水道屋に連絡をしてくれたり、行事のあとに熱い熱い自筆

紙漉き用の桑120キロの収穫

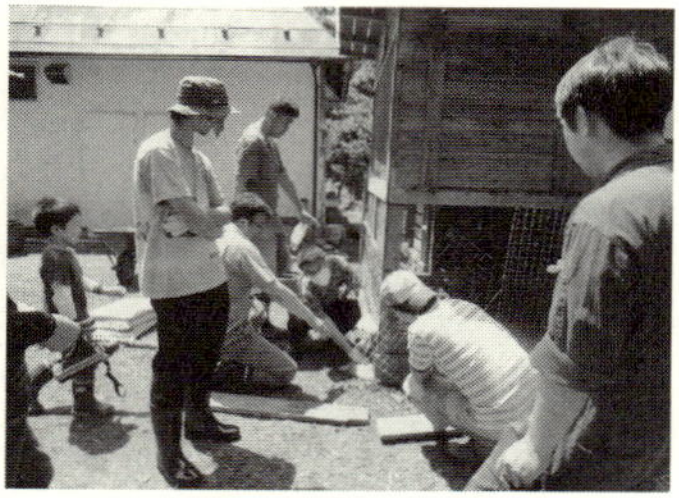

鶏小屋の修繕

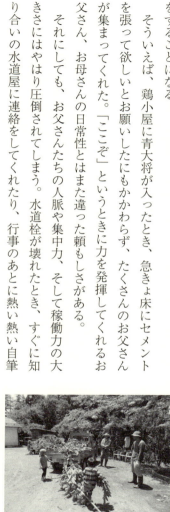

の手紙を届けてくれたお父さんもいる。また、子どもが卒園してからも、草刈り機持参で協力してくださるお父さんもいる。

野鳥の話や狩猟の話を子どもたちにしてくれたり、内科検診をしてくれるのもお父さんである。畑仕事にかかわってくれたり、手品を披露してくれたお父さんもいる。現在、クラウドファンディングに挑戦し、炭焼き職人の富田さん（二二七ページ参照）を中心に、「同じ釜の飯の日」に活躍することになる「おくどさん」づくりを進めている。

年を重ねるに従い「社会的な顔」でいることに時間をとられるようになってしまったお父さんたちだが、「花の森」にかかわる人としての出番がたくさんあって、惜しみなくその気持ちや技術を多くの子どもたちの前で披露してほしいと思っている。だって、お父さんはかつて男の子だったから。男の子は正義の味方が大好きだし、遊び心も集中力も瞬発力も満載なのだ。「父親参加日」のたびに、子どもたちがお父さんを自慢する気持ちがよく分かる。

おくどさんプロジェクト

内科検診

輪・笑・和

我が子という縛りのなかで、子育てをまるで自分の作品をつくるがごとくのように、周りの期待、早い遅い、大きい小さいという形容詞でくくるような断片的な子育てをしていると、「子育てとは大変なもの」というステレオタイプな価値観に飲み込まれていくことになる。自らのなかに評価をつくり、体裁にエネルギーを割いて自家中毒を起こしているとしたら、確かに子育ては苦しいだろう。

しかし、せっかく縁あって親になったわけだから、かつて子どもだった時代を改めてなぞってみてもいいのではないだろうか。また、神様からのプレゼントとして、いい母親になろうとする想いは早々に諦めて、周りの期待というものもばっさりと切ってしまおう。

子育ては、まったく別の人格をもった命をしばらく預かるだけで、成長後、社会に放つというスタンスで取り組んでもいいのではないだろうか。子どもの命をホリスティックに捉えて、一緒に泣き、笑い、感動して心を動かせたら、それだけで子育ては豊かな時間となる。

「花の森」では、周りの環境と調和しながら、主体的な生き方ができる子どもたちを育てたいと思っている。そのため、一日として同じ状態ではない自然環境に身を置くことが効果的であることもよく分かってきた。さらに、人的環境として、周りに存在する大人もそのモデルとして捉え、主体的に協働できれば目指す子ども像の形成も可能となる。それにはまず、「親たちが主体的に子どもの育ちに参加していこう」と考え、お母さん方を対象として、「親の会」という子どもたちや園をサポートするための独立した組織をつくった。

「親の会」には、運営面でも多大な協力をいただき、この九年間、さまざまな取り組みが行われてきた。一年もの時間をかけて準備する「わくわく秋まつり」（親の会主催）やバザー、お母さんたちの週末カフェ、

わくわく秋まつり

そしてチャボの卵を使ってつくったカステラの販売などがある。ちなみに、一つのカステラに約一二個の卵が使われており、清水真理子さんが焼いている。一つ一つ手で包装をするので、とにかく手間がかかる。全国的に有名な「文〇堂」や「福〇屋」にも負けない、感動的な美味しさである。

清水真理子　秩父市在住。NPO 法人花の森こども園の理事。長男の通っていた幼稚園で、「花の森」の仲間と出会う。二男、三男は「花の森」の卒園生。園バスの運転手や、同じ釜の日の調理補助などで活動に参加してきた。

子どもに欠くことのできないお話に関しては、開園当初、我が家の五人の図書カードを使って毎週図書館に通い、四季折々にあった本を調達していた。その後、子どもの心根にふさわしい本の購入のためにと取り組んだのが、イオンのイエローレシートキャンペーン[2]である。このキャンペーンに、四年にわたってお世話になった。お母さんたちは交代でイオンに出掛けていき、襷をかけて一時間ほどレジの前に立ち、「花の森」を支持してくださいとロビー活動を行った。同じくロビー活動をしている団体はほかにもたくさんいる。買い物客は、そのなかから選んだ団体の箱にレシートを入れていく。「花の森」の箱に入れられたレシートの合計金額の一パーセントが、後日、商品券としていただける。この商品券で購入した本と、最初に持ち寄った本を合わせて、現在「花の森」には四五〇冊の絵本が本棚に並んでいる。

子どもたちの遊びからつくった「花の森かるた」というものもある。山で子どもたちと過ごしている様子を「かるた」にしたものである。絵札は、三人目の出産を控えていた加藤雅美さんにお願いした。どれも、その場に立ち会っていたかのような温かいものとなっている。子どもたちはまだ文字が読めないけれど、自然体験と絵が結び付くと取れるようなかるたができあがった。

悪天候のとき、お迎えを待つ間やお正月には、団体戦や個人戦でとても盛り上がる。お迎えが来た順に「かるた合戦」から抜けていくのだが、そのときには必ず「あとは頼んだぞ！」と肩を叩いて帰っていく。

いつ、子どもの言葉を読み札にした第2集をつくろうか、と思っている。

かるた合戦

（2）　毎月一一日、食料品売り場で買い物をした人が応援したい団体のポストにレシートを入れると、その合計金額の一パーセントが社会活動費としてその団体に還元される仕組み。

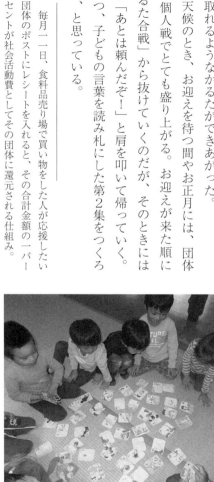

ホームページやパンフレットの作成と、私たちにはないお母さんたちのセンスや技術で補っていただいている。常日頃からさまざまな実践をお願いすることが多いのだが、「だって、綺麗だからさ」と、休みの日にこっそりと花壇に花を植えていってくれたお母さんがいた。手づくりのクッキーを差し入れしてくれるお母さん、掃除の際に使う新聞を持ってきてくださるお母さんもいた。また、バザーに備えて、手づくり石鹸、草木染をしたスカーフやシャツ、酵素ジュース、塩麹の漬物を用意してくれたり、保育計画である「同じ釜の飯の日」（七八ページ参照）のお手伝いもしてもらっている。

さまざまな実践を一《いち》から取り組んで、すごい勢いで進化を遂げている。ついに、デパートの企画として、親の会にワークショップのお誘いがかかるくらいまでになっている。お母さんたちのエネルギーは、本当に凄い！

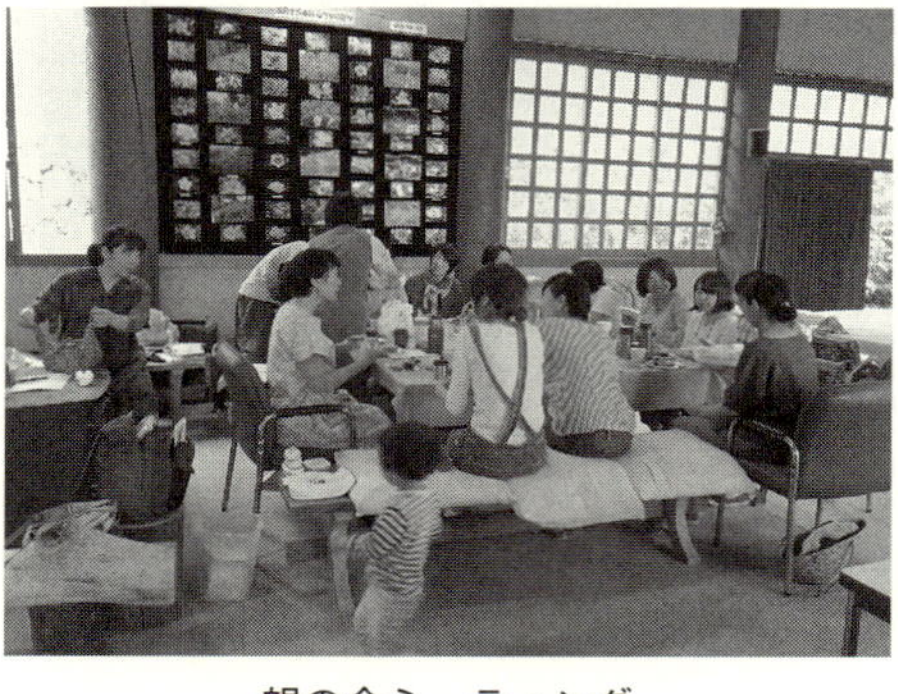
親の会ミーティング

これまで、とくに歴代の会長さんにはご苦労をおかけしてきた。親同士のかかわりもとても多いし、人によっては面倒くさいということもあるだろう。意見がぶつかることもあるし、すれ違うこともある。しかし、コミュニケーションを絶やさないこと、絶対にボールは等しく投げること、そして投げたボールが返ってこなくても投げ続けるという姿勢を保つようにお願いをしている。

親同士の小さな世界でその努力が叶わなかったら、子どものイジメをはじめとして、世界平和など望めるわけがない。ここで自分の強さも弱さも開襟して付き合える友は、恐らく一生を支える仲間になっていくだろう。

「花の森」で過ごす子どもが多様なら、保護者も多様だ。「花の森」がこれまで生き延びてきた理由として、この保護者の多様性が大きい。図らずもこれは、種の多様性によって絶滅の淘汰から救われてきた生物の掟に等しいかもしれない。母親たちも、「私は」というメッセージで生きて欲しい。子どもに負けず、それぞれの地域に飛び立って、多様性に寛容なオピニオンリーダーとして社会とかかわっていって欲しい。

「～輪・和・笑～」は、お母さんたちが企画したイベントのキャッチコピーである。いいコピーだなーと思う。

餅つき会もお母さん達が活躍

神無月の神様

二学期がはじまると、園庭はまったく違った様相で子どもたちを迎えることになる。まだ青いドングリが、そのまま地面に落ちはじめる。そして、一〇月の声を聞くころには日焼けしたドングリになる。小さなドングリはパラパラと霰《あられ》が降るような音を立てて落ち、大きなドングリはストンとまっすぐに落ちてくる。

運動会を二週間後に控えた金曜日、「すみれ」が病気になった。朝、小屋を開けてもずんぐりと立ったまま出てこない。そう言えば、昨日小屋に入れるときも、座り込んでいて動きが鈍かった。昨日は「同じ釜の飯の日」、栗の煮たのを食べていたことを思い出した。膨れた腹をして、小屋の奥からジッとこちらを見ている。普段から大食漢で、「お腹に赤ちゃんがいるの？」と聞かれ、「独身よ。失礼ね」とばかりに頭突きをしてきた「すみれ」だが、今日はとても元気がない。

すぐに、牧場の焼き肉屋さん「ぎゅうや」(3)の坂本幸枝さんに相談すると、それは「鼓張症」だから、座らせずに動かしたほうがいいと言う。四つの胃袋をもつ山羊にとって「鼓張症」は、食べ物が第一胃で発酵がはじまり、ガスが溜まって胃が膨れ上がり、最悪の場合心臓を圧迫し、呼吸困難で亡くなってしまうという重篤な病気である。

私の同級生で、養豚をやっている上原章男君に獣医さんを紹介してもらっていたので、その先生に連絡したらすぐに飛んで来てくれた。診断によると、やはり鼓張症で、助かる見込みは「五分五分」だという。

先生が抗生剤とガスを吸収する薬を「すみれ」に打ち、さらに「腹に穴を開けてガスを抜くから、押し出すように」と言ったので、「すみれ」の左腹に先生が針を刺したところを思い切り大きなニキビの膿でも出すように両手で押し出した。

黄色く臭いドロリとした発酵物が私の素手の甲をタラタラ～と流れてきた。驚いて先生を見たら、その両手にはしっかりと使い捨て手袋がはめられていた。思わず鼻を覆いたくなる臭いと少しのショックで手を緩めたが、「すみれ」のお腹からガスを抜くために構わず押し続けた。しかし、パンパンに張ったお腹からは、わずかに臭いガスが出ただけであった。目の前が真っ暗になった。

子どもたちが帰る集まりのとき、「すみれ」はいつものように重い身体を引きずって、子どもたちが見える場所に移動してきた。明日からは三連休。連休明けに、子どもたちは「すみれ」に会えないかもしれない。そんな覚悟もあって、「すみれ」の状態を子どもたちに話し、みんなで「すみれ」のために唄を歌った。そして、「すみれちゃんが元気になるように、お休みの日に祈っ

（３）〒368-0102　秩父郡小鹿野町長留３５４４－１　TEL：0494-75-3798　土日祝のみの営業。

ていてください」と子どもたちに伝えた。

「花の森」の家族である「すみれ」を独りで逝かせるわけにはいかない。私は園に泊まることにした。私たち人間も、腸にガスが溜まって気持ち悪いときは、お腹をさすったり、運動したほうが腸の動くことを経験則として知っている。だから、牧場の坂本さんが言う通り、一晩中、何度となく園舎の周りを歩かせた。そして、休んでいるときには左腹をさすってやった。すると、夜が白むころ、「すみれ」の口からあの臭いのゲップが出た。今度は直接顔に匂いを浴びたので失神しそうになったが、気持ちは飛び上るほど嬉しかった。

「そうだ！　消化が進まず、下からオナラが出ないなら上からゲップを出させればよい」

臭いゲップを出させるために、再び園舎の周りを歩かせ、左腹をさすった。「すみれ」の鼻先に私の鼻を近づけて、ゲップが出るのをひたすら待った。小さなため息のようなゲップでも、ガスが抜けはじめたことを確かめたくて「すみれ」の口元に顔を近づけた。

ふと気が付くと、「すみれ」が口をモグモグしている。反芻が戻ってきたようだ。これでようやく希望がもてると思ったが、先生の診断は意外にも非情なもので、「針指したとき、見たんべぇ。腹の中は発酵しちゃってドロドロなんだから、楽観はできねぇよぉー」と言う。希望の灯を一瞬にして吹き消すような答えだった。

そんなとき、この年の春に卒園した航太《こうた》のお母さんが「すみれ」の病状を聞きつけて、「花の森へ導いてくれたすみれを放っておけないので、付き添わせてください」と言って駆け付けてくれた。このお母さんは元々保健師であり、秩父に移住されてからも保健師として仕事をされているという、心強い人である。

　土曜日の夜、私に代わってお母さんは、明け方まで「すみれ」のお腹に「の」の字を描きながら優しく看病にあたってくれた。そのおかげか、「すみれ」は自力で反芻をはじめだした。反芻は、消化したものが次の胃袋に進んでいる証拠である。ウンチもオシッコも出るようになった。ウンチはあのゲップの匂いがする、愛しい匂いである。

元気になった「すみれ」

　日曜日の夕方には鶏小屋に近づくネコを追うほど元気になり、ようやく安堵したところで獣医さんに電話で報告した。

「えーーーっ、助かったんかい！　俺はてっきり死んだという電話かと思ったで。普通は死んじゃうからさぁ。てぇ驚いた、よかったねぇ」と熊谷なまりで喜んでくれて、往診の帰りに寄ってくれた。そのとき、診察代を尋ねると、「お宅からは……どうみても取れねぇなー」と言う。ブルースマンのちょっと風変わりな赤ひげ先生、本当にありがたいです。せめてこれでもと、園で収穫したサツマイモをもらっていただいた。

月曜日、「すみれ」は赤ひげ先生も驚くような奇跡の回復を果たした。坂本さんの豊かな経験によるアドバイス、赤ひげ先生の適格な治療、いても立ってもいられず、夜に見舞ってくれたクルーや子どもたち。「ぼくにできることは、いのること」と言って、祈ってくれた子どもたちもいる。もちろん、航太《こうた》のお母さんの手当ても忘れることができない。多くの人たちを通して、連休に神様が出雲から「花の森」に来られたように思えた。

火曜日の朝、「すみれ」は何事もなかったように草を食み、後ろ足で耳の後ろをかきながら子どもたちを迎えた。私は「すみれ」を失う恐怖から解放されて、幸せだった。子どもたちは口ぐちに、「げんきになったんだね」「よかったねぇー」「どうやってげんきになったの?」と言う。この数日間に「すみれ」が命がけで教えてくれた大事なウンチのことや、出雲からたくさんの神様が来てくれたことなどを子どもたちに話した。食い入るように聞いてくれた子どもたち。私には、無償の祈りや手当てということが子どものなかにストンと落ちていく音が聞こえた。そう、大きなドングリのように。

第6章

ダンゴムシと鷺と

（2012年）

交渉する勇気

「矢尾百貨店」は、寛延二（一七四九）年創業の、秩父唯一の百貨店である。(1) 秩父大宮郷上町に屋号「枡屋利兵衛」を掲げて、酒造業からスタートしている。近江商人の流れをくみ、その心得である「三方良し」（売り手良し、買い手良し、世間良し）を基本として商売を続けてこられた。

この心得は、商売にかぎらず、持続可能な社会を選択するためにも通じる知恵であるように思う。実は、子どもたちは、仲間との生活を通じてこの術《すべ》を知らず知らずのうちに学んでいる。伝え方によって交渉が成立したり、決裂したりという経験が、やがて大勢に飲み込まれない強さや、自らの言動に責任をもち、他者の痛みや立場に寄り添おうとする高度な能力として発達していくものと考えている。自己を堂々と生きるために、大切な「生きる力」である。

感じたことを言葉にして、自らの気持ちを表現することは、決して利己的な価値観の押し付けだけではない。相手の立場や気持ちをくんだ伝え方だったり、調和のある妥協点を見つけるためのものであったり、本質を押さえるためのやり取りであり、徹して「No」と言うための自信ともなりうる根拠となる。

そのため、私たちの役目は、子どもが発する表現が曖昧であっても、利己的であっても、「自分の気持ちを相手にうまく伝えられるような表現」ができるように、共感をもって受け止め、耳を貸し、弱さの開示が希望の未来へつながるような環境を用意することとなる。

　夕飯が終わり、リビングで原稿書きに追われて、パソコンに向かっていた私のところに、年中だった三男が「にいに（兄）が、ぼくがみていたテレビのチャンネルをかえちゃったぁーー」と泣きながら訴えてきた。

「見ていたんだから変えないで、と言ってごらん」

「そんなこといったって、きっときいてくれない」

「それじゃ、ばぁーちゃんちに行って、チャンネルを変えられたので見せてくださいと言って頼んでみたら」

「こんなよるにばぁちゃんちにいったら、しんぱいされちゃう。ゆうはんはたべたのかとか……」

「まだ七時だし、夕飯も済んでるから大丈夫だよ。行っておいで」

「でも……にいにが％＆＊；＠ｓｄｌ；ｄ、？＊＠Ｌ　ｄｋｓｍ；；ｊｓｂ」

　そもそも、親の権威を利用して兄貴との交渉を他力ですませようという企みが見え見えである。

（1）〒368-0035　秩父市上町１-５-９　TEL：0494-24-8080（代）　営業時間10:00~19:00

埒があかない三男にイラッとした私は、「だったら、泣き寝入りしなさい！」と言った。「だいたいね、その三通りしかないんだよ。交渉するか、回避するか、泣き寝入りするか。さぁ、君はどれにするんだ」と迫った。すべては、締め切りの迫った原稿のせいである。すると、テレビを見ている小三の兄の所へおずおずと行き、「にいに、しゅうくんがさきにみてたんだから、まわさないで」と言った。

予想に反して、「はいはい」と言ってあっさりと次男はチャンネルを戻し、二階へ行ってしまった。「交渉成立！」、自分で難問をクリアしたことに満足した三男だった。

人間関係に軋轢が生じたときの選択は、多くの場合、「交渉するか」「距離を置くか」「泣き寝入りをするか」の三つに分類されるのではないかと思っている。

記憶をたどると、三歳であった私の遊び相手は、向かいに住む宏典くんであった。毎日、うちに遊びに来ては、私のオモチャを独占していた。とくに、当時流行っていた「だっこちゃん」は、いつも彼の左腕に抱えられていた。貸すのを拒むと、「かしてくれないならかえっちゃうよ」と言われ、帰られてしまうのが怖かった私は、「言いなり」になる日々を繰り返していた。

そんな様子をそばで見続けていた母が、ある日、「帰ってもいいよ、って言ってごらん。絶対帰らないから」と私に言った。私が置かれている窮状を、分かってくれていたのがうれしかった。

そして私は、心臓が飛び出そうになりながら、ついに勇気を振り絞って「帰ってもいいよ」と言った。宏典くんは、一瞬たじろいだような顔をしたが、だっこちゃんを置いて遊び続けた。そう、宏典くんは帰らなかったのだ。

こんなささやかな成功体験が、今の私を支える自信になっている。もし、母が宏典くんを諫めるような人だったら、私は自信をもつこともなく、次の機会もその次の機会も、母に解決を求めたことであろう。このときの記憶が、直接の交渉は極力子ども同士にやらせたいという根拠になっている。それに、このころの子ども同士のケンカによる怪我は、たかがしれたものである。それに、ぶった、ぶたれたは「お互いさまが前提」となっている。この前提が存在しないときはイジメとなるから、断じて放置してはならない。

大概の場合、子どもは友達にぶたれた話はするが、友達をぶったという話はしない。それは、「ぶつ」という行為がどういうものかをすでに感じ取っているからである。だから、今日ぶたれた子どもも、同じようにぶったりしていると思ったほうがよい。

ぶってもぶたれも、噛んでも噛まれても、当人には必ず理由が存在している。大人の感覚では到底理解し難い理由であるが、この時期の子どもたちは、小さな事案で身をもっても体験して、暴力がいかに許されない解決方法であるかを繰り返し学ぶことになる。拒否される心の痛み、ぶたれた体の痛み、またそれを与えた罪を経験していくわけだが、取り返しのつかない過ちを犯さないために大人の都合で「一件落着させる」ことだけは避けたい。解決していく力が身に着くことを、みすみす手放してしまうようなものである。

大人先導の「ごめんなさい」は、子ども自身の内省によるものではないため、火種がくすぶったまま、お互いに遺恨を残すことになる。親や周りの大人は、ぶったぶたれた現象に振り回されずに、その背景や不安定な情緒に想いを馳せてほしい。

先に書いたように、花の森には遊具などが少ない。一つのブランコ、二台の一輪車、二つの背負子など、どれも平等には行きわたらない環境となっている。先日、そのブランコをめぐって取り合いが起きた。私が目にしたのは、体の大きな柊吾《しゅうご》が小柄な裕孝《ゆたか》を蹴り飛ばし、裕孝がブランコの座面を抱きしめてビービー泣いているところだった。周りにいる子どもが、「しゅうごがけった」と叫んでいる。

「柊吾、裕孝を蹴りましたね」と、静かに声をかけた。柊吾は神妙な面持ちで頷いた。

「どうして蹴ってしまったの?」

「……ゆたかがつねってきた」

裕孝はつねったことを認めたが、ビービー泣いていて、「我こそは被害者」という体だった。

「裕孝、泣き止んだら、お話を聞くからね」

口を一文字にして空を仰いでビービー泣いていた裕孝が、ヒョイと黙った。二人の周りをヒラヒラと舞うようにいた彩人《あやと》が、「おれが、しゅうごに、ぶらんこをわたしたんだ」と言った。

三人の話を聞くと、彩人がブランコで遊んでいたところに裕孝と柊吾がいて、裕孝は彩人が柊吾にブランコを譲ったことが気に入らなくて、ブランコに乗ろうとした柊吾を裕孝がつねり、「イテッ」と言って手を離したすきに裕孝がブランコを取ったようだ。すかさず、柊吾が蹴りを入れたが、裕孝は泣きながらブランコを手放さなかった――というのが粗筋のようだ。

「それでは、どちらのブランコにするか、気が済むまでやってください」と言って私はその場を離れ、草むしりをはじめた。ほかの子どもたちはパァーと散って、二人だけになった。二人してブランコの座面に腹這いになり、「オレの！」「おまえのじゃねぇ！　ようちえんのだぞ！」とか言いながら取り合いをはじめた。今度は柊吾が奪い、ブランコの座面を抱えて綱が伸び切る切株の所まで遠ざかった。裕孝は一歩も動かずに、その場でまた泣き出した。

柊吾が切り株からブランコに乗れば、確実に裕孝に当たってしまう。責任を感じているのか、彩人が時々、両腕をヒラヒラさせながら様子をうかがいに来ては、「くちでいえばいいだけのことじゃん」とか言っている。

しばらくそのまま緊張状態が続いたあと、柊吾がふわぁっとブランコを手放した。横で見ていても、裕孝が受け取れるくらいの勢いに調整していることが分かる。裕孝はブランコを受け取り、さっきまで泣いていたことなどは忘れたかのように、笑顔でブランコをこぎはじめた。

柊吾はというと、ほかの子どもたちが遊んでいるカエデの木の下に走っていった。すると、裕孝もブランコに興味を失くして、柊吾《しゅうご》の後を追って呼び止めると、「しゅうご、のっていいよぉ」と言って、こんもりと新緑を広げたカエデの木の下に消えていった。柊吾も戻ってきて、何度かお愛想にこいだだけで、あっという間に仲間のいるカエデの木の下に潜っていった。

お互いから「ごめんね」という言葉が出たのか、出なかったのかは定かでないが、これで決着したのだと思う。相手を傷つけたり、無理やり奪い取って乗るブランコの空虚なつまらなさを柊吾は感じたと思う。欲しいものは欲しいと主張するが、争いは「つまらない」と感じる経験ほど貴重なものはない。

自然の中では同じ枝ぶりの棒は二つとなく、かぎりあるもの、助け合わなければ成し得ないことが次々起こるので、「奪い合う」よりも「分け合う」ことのほうがずっと気持ちがいいことを子どもたちは感じ取っていく。そこには、「奪い合う」というつまらない経験をして、ようやくたどり着くことができる。交渉事のなかで苦労するのは、むしろ大人のほうかもしれない。

「ゆたかぁ、きょう、おべんとうたべるの、となりにしようぜ！」

「おう！」

カエデのなかから、柊吾と裕孝《ゆたか》の会話が聞こえてくる。人間関係の修復の仕方も、水の流し方も、日常生活のなかにおいて友達同士でつかんでいく。そう、自ら獲得して育っていくものだ。

自由席

幼児期の自己主張はとても大切な成長の過程であるが、利己的な主張ばかりだと、遠からず豊かな仲間の存在によって破たんすることになる。破たんと修正を経験しなければ、どんどん身勝手な人間になっていく。

他者と調和した着地点を見つけるためには「交渉する」ことになる。「花の森」のなかでは、「交渉」のための環境設定がいろいろな条件によってされている。思い通りにならない雄大なる自然、再生する環境をはじめとして、縦割り、斜めの関係性、交渉相手は多様という人間関係、そして「自由席」という環境がある。「花の森」には決まった席がない。バスの座席、朝の会、お弁当など保育計画にある作業はすべて「自由席」となっている。

外でお弁当を食べるとき、「すみれ」が来ても自分のお弁当は自分で守る（そもそも山羊は、みんなのお弁当に興味はない。ちょっと覗くだけ）。慌てず、騒がず、怯えず、その生き物を知っていることが大事となる。この適当そうな日常の繰り返しが、これから生きていく学校や社会において、しなやかに泳ぎ切る強さとなる。とはいえ、自由席はいろんな摩擦を起こしてくれる。「〇〇の隣がよかった」「端っこがよかった」「真ん中がよかった」といったことをはじめとして、バスでいつも窓側の席がとれないとか、一緒に並んでお弁当を食べようと言ったのにその通りにならない、といったことである。

「いつも座りたい席に座れない」と不満に思っていた心悠《みゆう》のことを知った母親から、園のほうに相談があった。その状況は私たちも把握していたが、本人が言い出すのを待っていることを伝えて、このときは保留とさせてもらった。

どうして座りたい席に座れないか、ついにヒステリー気味に、バスの通路で心悠は子どもたちに訴えた。ところが、ほかの子どもたちの言い分は、「支度がゆっくりで、バスに乗り込むのが遅いのだからしかたないだろう」というものだった。周りに「譲ってくれ」と交渉するのも一つだが、それよりも、強い意志をもって支度を整えて希望の席を目指せばよいという考えに心悠はたどり着いた。

そして、実際やってみると、こんなに慌ただしく支度をして席取りに必死になるより、マイペースでゆっくり乗り込んで、窓際の席でなくてもいいという結論を本人が導き出した。つまり、「私はこれでＯＫ」が出せるようになったわけである。

自由席だけど一つの石に一人ずつ

子どもは、一人ひとり気質や家庭の背景も異なるし、発達段階も違う。それぞれの気質やタイミングを見ることが、保育者の大切な役割であると思う。鬱憤が溜まる前に先回りしてかかわると、すぐにその鬱憤は他者に向かって放出されることになる。すると、うまくいかない理由を他者に見つけてしまうという癖がついてしまう。

ある日、「拾った栗の放射能を測定したい」とお母さんたちから申し出があった。園のクルーだけではそのための時間が割けないと伝えたところ、お母さんたちが一日かけて皮をむいてくれた。このときに年長の紗和《さわ》たちが、「きょうは、いっしょにおべんとうをたべるひとのかずがおおいから、おおめにテーブルをだそう」と丸テーブルを子どもたちが出してくれたことがある。

この配慮というか、見通す行動に感心していたら、そのテーブルが間に入ったために並びたかった子どもと離れてしまった美宙《みそら》が、涙を浮かべて紗和たちに「もとにもどせ！」とキーキー声で交渉しはじめた。紗和たちはいたって冷静で、「だって、きょうはおかあさんのにんずうがおおいんだよ。じゃ、みそらがそっちにうごけば」と言っている。

いろいろと提案が出されたが、美宙としては丸テーブルを片づけての一点張りである。その攻防を先生たちは、黒眼目の端っこに捉えながら子どもたちに任せていた。紗和が、丸テーブルに両肘で頬づえをついて、妙に説得力のある雰囲気で言った。

「ねぇ、みそら……あしたがあるじゃん」

「明日がある」、この一言で軍配が紗和《さわ》にあがった。「明日がある」美宙《みそら》は納得し、ケロっとして予定外のお隣さんと大いに盛り上がってお弁当を食べていた。

他者との摩擦を通して、私にはいかほどの決意や意志があるのか、また何を目的とした提案であるかを確認しながら自らの内面と葛藤する。それが交渉である。「自由席」とは、好き勝手を保障しているものではない。双方納得のいく着地点とも言える。

常に大人の指示によって指定席が用意されてきた子ども、あまりにも従順に指定席に座らされてきた子どもたちは、「自由だよ」と言われるとかえって困ってしまう。

「なにをしたらいいの?」「どこにすわればいいの?」「なんでここにいるのだろう?」

と、指示がなければ動けなくなる。考えなくて済むように指定席が用意されているから、自分の指針を見つけることができないのだ。

当然、意欲もわかないだろう。指定席に縛り付けられたまま、人生の長いトンネルを経験することになるかもしれない。子育てには、「鈍行の自由席が一番」と言える。

成長から成熟へ

かねてより交流のあった秋草短期大学幼児教育学科の学科長である豊泉尚美さんに誘われて、八月、「森のようちえん」の発祥国と言われているデンマークを訪ねた。このときには、のちに同短期大学学長になられた近喰晴子さんも同行しているほか、私の三男もつれていっている。また途中から、京都橘大学教授で丸木美術館[2]の理事長である小寺隆幸さん夫妻が合流した。そして通訳として、『デンマークの光と影』（壱生舎、二〇一〇年）の著者である鈴木優美さんが同行してくれた。

デンマークは、九州くらいの国土面積に福岡県の人口ほど（約五〇〇万人）の人が暮らす立憲君主国である。自然の中での活動を旨とする「森のようちえん」は、北欧を中心としたヨーロッパに定着し、日本の隣国である韓国でも破竹の勢いで設立され続けている（六八ページ参照）。

実は、日本でも大正時代、毎日新聞の事業部長だった橋詰良一[3]が外遊先で見た「ハウスレス・

（2）画家である丸木位里・俊夫妻が描き続けた『原爆の図』が収められていることで有名。〒355-0076 埼玉県東松山市下唐子１４０１ TEL：0493-22-3266

（3）（一八七一〜一九三四）宝塚少女歌劇団などの脚本を書いたほか、「橋詰せみ朗」という号をもつ文化人。

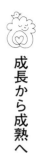

キンダー・ガーデン」（建物をもたない幼稚園）をヒントに、大阪府池田市で「家なき幼稚園」を一九二二（大正一一）年春に創立している。乗り合いバスで園児を郊外に連れ出して保育を行うというユニークな保育を実践して一二年間続いたが、橋詰の死後、後継者が得られず、経済的困難のために解散している。しかし、「家なき幼稚園」の精神を保育に生かした実践活動が、現在は「室町幼稚園」という名称のもとに続いている。

大正時代には日本で定着しなかった「森のようちえん」だが、デンマークでは発展を遂げている。その違いはどこにあるのだろうか。実際にデンマークに行ってみると、人々のなかに自然が人間を育むという信頼が十分に感じられた。もちろん、幼稚園の先生たちも、これ以上のメソッドはないという確固たる自信をもっていた。

かつて日本も、八百万《やおよろず》の神と自然の恩恵に感謝し、現代では「里山」と称される地理的環境において人々がさまざまな暮らしを営んできた。それなのに、近代化の名のもとに開発され続け、一九六〇年代の高度経済成長以後、自然とのつながりを無自覚に手放してしまったように思える。

デンマークの「森のようちえん」

とはいえ、経済成長の恩恵を受けてきたのも事実である。

消費税が二五パーセントというデンマークは、そのほかの税金も高い。その分、教育面や福祉面での行政サービスは行き届いているため、多くの国民が国を信頼して納税義務を果たしている。ちなみに、北欧での共働き率は八〇パーセントと言われている。国土全体がフラットなデンマークでは自転車通勤が主流となっているが、町に出ると、スーツ姿で大きなベビーカーが前に取り付けられている自転車に乗って通勤するという女性をたくさん見かけた。

乳母車の自転車

子育ての期間であっても、女性の就労を健全に維持するだけの給与補償が整備されており、復帰後の職場保障がされている。日本でいう保育園タイプの保育時間は六時からと早朝から預かる所が多いが、終わりは一六時や一七時であった。一方、幼稚園タイプの保育時間は、九時半～一四時と日本と変わらない。夫婦のどちらかが一四時には仕事を終えることができるので、保育園に迎えに行ってから親子で釣りに行ったり、図書館に行ったり、一緒にキッチンに立って夕食をつくるといったことができるという。

ＯＮとＯＦＦをはっきりと主張するというのが、この国の特徴であろう。それをふまえた形で幼児教育が行われており、企業も将来の人材育成として当たり前に子育てに貢献し、親の労働を保障している。企業および国という組織を構成しているのが、人生を抱えた一人ひとりであるということが感じられる就労形態である。つまり、経済成長が最優先課題ではないというライフスタイルとなっている。

「保育園落ちた、日本死ね」が合言葉となって、待機児童問題の解消を訴えているのが現在の日本である。気持ちと時間にゆとりのあるデンマークの子育てを見ると、日本では「安心して生命の再生産活動をさせて」というような発想の転換が必要であると思える。共働きの家庭も、一人親の家庭も、働かずに子育てを選択する生き方も、日本中の子育て世代が束になって発想の転換をしたら、子どもの安定した育ちにおいても、退職者の雇用延長や元気なお年寄りの再雇用などにも道が開けるように思う。

デンマークの「森のようちえん」は、個人立であっても法人立であっても国からの運営支援を受けている。代替職員の雇用や保障に備えるために、個人立のほうが運営支援は多い。職員の半数は男性で、結婚して家族をもてるだけの給与が保障されている。このような運営や雇用の仕組みが、デンマークに「森のようちえん」が根づいた理由の一つなのかもしれない。

私たちは、一歳～三歳のシュタイナー教育タイプ、保育園タイプ、そして瀟洒な住宅街と森の間にある幼稚園タイプの「森のようちえん」を訪ねた。保育園タイプの「KILDEN（泉）」では、園長先生からデンマークの幼稚園教育要領についてうかがった。デンマーク社会統合省（日本では文科省）が掲げる指導計画は以下の通りとなっている。

❶身体と運動
❷文化的価値と表現
❸自然と自然現象
❹社会的能力
❺言語
❻子どもの全体的発達

一方、日本では「①健康」「②表現」「③環境」「④人間関係」「⑤言語」となっている。デンマークでは、「❻子どもの全体的発達」において、子どもを統合的に理解しようとする視点が加わっていることが特徴と言える。さらに驚いたのは、「❹社会的能力」のなかでは、共同体を学ぶと同時に、自分を脅かすものに対しては「No」と言って抵抗力をつけさせていることである。デモクラシーを幼児期から育むように、国が明言しているわけである。この「❹社会的能力」が、デンマークを訪れてもっとも驚いたことである。

このとき、園長先生は次のように話してくれた。

「相手の話をじっくり聞く力を養うと同時に、異論を感じたとき、脅かすものに対して抵抗し、話を割ってでも自分の意見が言える能力を養うのです」

聴く力、倫理観、公平性、批判力をもって自己主張できる力、これこそがデンマークの知性というものかもしれない。園長先生の説明を聞くと、日本の「④人間関係」においては、自己抑制機能に重きを置く視点とは一線を画しているように感じられた。デンマークの教育は、成長を駆り立てるものではなく、じっくりと長期にわたる自己成熟のために行われているように思う。

訪問したのは東日本大震災の翌年（二〇一二年）であったが、原発事故については、お見舞いの言葉はおろか「あなた方が原発を支持してきたのだから、原発をもてば、いずれ事故が起きることは明白です」とさらりと言われたのがショックだった。いつ原発を支持したのだろうか、と改めて考えてしまう。確かに、無自覚に許容してきた責任を問われれば、返す言葉がない。

「デンマークでは、三年という時間をかけて、原発を手放すことを国民が決めました。その国民の意思を伝えられる者でなければ議員にしません。その国のあり方については、子どもを育てる保育者として、みんなしっかりとした考えをもっています」と、きっぱり言われてしまった。だから、日本を、日本人を、私を、そう評価しても当然なのだろう。

鈴木優美さんの著書にも書かれているように、いくら「福祉国家」と銘打っていても、デンマークにも課題はある。実際、市庁舎前の広場には寝転ぶホームレスの姿があるし、一本路地を入ると、アルコールか薬物に依存しているようなうつろな瞳の通行人ともすれ違う。そして、深刻な移民問題を抱えているという現実も存在している。

青年期が長くなったといわれる昨今、一日平均一〇〇人が自ら命を絶ち、誰のものでもない自己をたやすく放棄してしまうという悲しい実情が日本にはある。しかし、デンマークの「森のようちえん」の子どもたちに「花の森」で過ごすみんなの姿が重なってくる。この子どもたちのなかから、やがて成熟した日本へ導く人物がきっと出るはずだ。デンマークの「森のようちえん」を肌で感じ、「花の森」への信頼を厚くした旅となった。

デンマークの幼稚園教育要領の見開きには、「幼児期から民主主義を育むこと」が明言されていることを、翌年再びデンマークを訪れた豊泉尚美さんが教えてくれた。

「幼児期から民主主義を」、この場合の民主主義とはいったい何だろうか。言うまでもなく、幼児期から政治参加しろということではない。民主主義は、何も政治のことだけを言っているのではないだろう。将来、自らのあり方を、責任をもって選択し、公平性のある共同体へ主体的に参加することではないかと考える。幼稚園や学校、家庭という共同体のなかで、幼児も個としての存在が保障されており、自らも主体的に参加して生活をつくり上げていく権利と責任、それを育むことを保障せよということなのだろう。

幼児期の三年から四年、最初は自己中心性に守られ、またはそれを生かして日々を過ごす。そして、ゆるやかに自己中心性を手放し、制限のあるなかで協調していく。いかに自由でいられるか、何度もケンカをしたり、交渉したりしながら、自分も他者も居心地のよい状態でこの地球上に生きていくことを民主主義と解釈するならば、「花の森」でもぜひ幼児期から民主主義を育んでいきたいと思う。

田んぼは命の楽園

「花の森」が開園して以来、クルーの逸見智子さんの義父である逸見勝昭さんや、地元の農家の人に「田んぼ先生」としてかかわっていただき、田植えから稲刈りまで指導してもらっている。収穫したお米は、「同じ釜の飯の日」に一年間通して食べている（七八ページ参照）。田んぼには、「花の森」の理念に通じるものがギュッと詰まっている。

泥んこはお手のものとしている子どもたちも、田んぼでは足をとられて自由に動くのが意外と難しい。泥んこを楽しみ切る子どもがいるかと思えば、躊躇しながら少しずつ泥がつくことで慣れる子どももいる。畦に立ったまま、最後まで様子を眺めているという子どももいる。

苗の植え付けが終わったあとは、お楽しみとなっている生き物観察である。田んぼは、夢中で遊ぶ子どもも含めて、多様な生き物の楽園でもあるということが経験できる。こちらも同じく、用水路に入って牛乳パックがいろんな生き物でいっぱいになる子どももいれば、水をすくっただけで終わる子どももいる。そして、牛乳パックに集めた生き物を早々に逃がして、お昼ご飯に向かうという子どももいる。

タニシを見つけるのは難しい。田んぼの水路に肘が沈むほど突っ込んで、顎《あご》に泥がつくくらい身を屈めて水底をあさらないと手にすることができない。それをやった者だけがタニシと出会えるのだ。そのタニシの動きを観察するためには、かなりの時間を必要とする。牛乳パックに捕ったタニシがノソノソと動き出すのを、ひたすら待つという子どもがいる。

自然を基調とした継続的な教育と、業者が行うサービスの違いがここにある。友達が狂喜乱舞して捕まえるのを眺めるだけで終わってもいいではないか。いつかは、自分からすすんで泥んこになって水路に挑む日が来るかもしれないし、来ないかもしれない。タニシを捕ってもらって所有したところで、子どもは何も学ばない。

バッタを捕りたくて仕方のない裕孝《ゆたか》だが、自分では手が出せず、次々と捕獲する年長の草馬《そうま》の後をついて回り、甘えた声で「捕って、捕って」とせがんでいる。草馬は自分のやることに夢中で、耳も貸さない。その草馬の帽子にバッタが止まった。裕孝にとっては千載一遇のチャンス。「ほらっ、裕孝が捕るバッタ！」と先生が声をかけた。その声に反応した裕孝は、迷いを振り切って草馬《そうま》の帽子に手を伸ばして、ついにバッタを捕まえた。

沢ガニ、タニシ、ヤゴ、バッタ、コオロギ、クモ、オタマジャクシ……水辺に棲む生き物がそれぞれの牛乳パックに押し込められている。底に水を張ってタニシを入れる。草を入れて、その上にバッタを入れたりして工夫をしているが、欲をかけばかくほど生き物が逃げないようにと手に持った牛乳パックが気になって仕方がない。所有するというのは、本当に不自由なものだ。

そんなハンティングに夢中になっても、「さようなら」の時間には住んでいた場所に放してお別れをする。ここが一番肝心なところで、「持って帰りたい」という子どもと協議を重ねていくことになる。

「トンボのお母さんが、子どもたちは元気にしているかしらと様子を見に来ていたね」

子どもたちがそうであるように、ヤゴにはヤゴの、カニにはカニの生きていく場所がある。安心して生きていく自由が生き物にもあることを、子どもたちの所有感に働きかけていく。飼うということは命に責任を負うことであり、それなりの自覚が必要とされることを想像してもらう。

このような姿勢はそれぞれの家族に伝えてあるので、こだわりのある子どもは、さらにじっくり

ゆたか、バッタをつかまえる！

と命を所有することについて向き合うことになる。

最終的な判断と結論は、家族に引き受けてもらっている。お迎えのときには、まだ牛乳パックには生き物たちが入っている。子どもたちはそれをお迎えの家族に見せて、どんな生き物がいたか、どこにいたのか、どうやって捕まえたのか、どんなに楽しかったか、そしてその生き物たちをどうするかを、田んぼを案内しながら伝えている。いろんな気持ちを家族に出し切ったあと、ほとんどの子どもが放しに行く。その場では決心がつかず、持ち帰った友海《ゆうみ》は、夜に再び家族で田んぼを訪れてタニシを放したという。

一旦持ち帰ることで友海が納得する時期を待ち、小さな命の尊厳について、寄り添った時間とともに導き出した結論は、家族にとっても友海にとっても貴重なものとなったはずだ。仮に、生き物を持ち帰って死なせてしまっても良心の呵責がないとしたら、子どもの安全について「どうだ、こうだ」とは言えないだろう。小さな生き物の命で学ばせてもらうことは、とてつもなく大きな意味につながっている。

翌週の月曜日、そのことを友海は誇らしく話していた。

「タニシ、戻れて嬉しかったろうね。タニシの仲間から、無事だったんだねって、きっと喜びあっているよ」と、先生が答えていた。

自分の欲望を越えることができた友海、先週とは明らかに違う子どもとなった。

コラム 2 我が家の子ども達

（西川恵子：卒園生の保護者）

わが家の３男は卒園から早６年、ゲーム好きですっかり街の子ども化し、学校から帰るなり遊びに出掛け、その後ゲームをするという日々です。当然、勉強する時間はなく、早起きをして宿題をやり、録画してあるテレビを見て登校します。休みの日といえば友達と約束をして、さっさと遊びに出掛けてしまいます。感心するほど、よく遊んでいます。

少人数縦割り教育の「花の森」に通ったせいか、それとも面倒見のよい性格のせいか、年下の子どもから慕われているようで、よく遊びに来ています。学校では、至って普通の小学生です。「花の森」で張った根っこは、ぐんぐんと横に伸ばしているといった感じです。２人の兄を育てた経験から、男の子には「やる気スイッチ」があることを知っているので余裕をもって見ていますが、３男が今後どのようにして芽を上に伸ばしていくのかを楽しみにしています。

小学校２年になる娘は、１歳の頃から「花の森」に触れて育ってきました。山を庭のようにして遊んだ脚力は凄く、４歳の時に1500m級の山に登ったかと思うと、親に付き合っての秩父札所巡りでは約10ｋｍを平然と歩き通しています。「花の森」時代に、自ら考えることや時間の過ごし方を知っている娘、「おしるし」の麻のように周囲に流されることなく、芯の通った意志をもち、麻糸のように人と人をつないでいくような女性になって欲しいと願っています。

10周年を迎える「花の森こども園」、これまでには数え切れないほどの涙と笑顔、力、知恵、感謝があったことでしょう。今後も、園を支える一人として頑張っていきます。

「ひかる」と「さき」

第7章

起死回生

（2013年）

バスの廃止

「花の森」の活動は、公的には認められていない。そもそも、公的支援を受けている許認可の幼稚園、保育園、こども園とは同じ土俵に上がれないわけである。だからといって、「劣悪な教育環境なのだろう」と受け取られてしまうことは大変遺憾である。

無認可園ではあるが、岐路に立つたびに理念に立ち戻り、子どもたちにとって何が一番かを判断基準にして、これまで厳しい選択をしてきたと自負している。建物こそ元食堂で耐震性もないが、保育計画や保育日数に関しては、幼稚園教育要領を読み解き、子ども五人に対して一人のクルー（先生）を配置している。

言ってみれば、認可とは建物や遊具といったハード面に関する基準であり、国の補助金があるかないかの違いでしかない。無認可というだけで、すべての園がずさんな現場であるとは思ってほしくない。より良い居場所にしたいと、覚悟をもって取り組んでいる良質な無認可園が全国にはたくさん存在している。今後、なんらかの公的な支援が、この質的な基準をもって多様な育ちを選択した子どもたちにも行きわたることを切に願っている。

長野県、鳥取県、三重県、岐阜県といった地方自治体は、環境を生かした自然保育への理解が進んでいる。これこそが人の育ちにとって最善の教育のあり方、教育の原点であるという意義を第一に挙げ、地域創生という多くの県民の理解が得やすい理由を加えて現場を動かし、自然保育の制度化に心血を注いでいる。

「花の森」にたどり着いた子どもたちは幸せだという自負は、年を重ねるごとに強くなってきた。首都圏に近く、豊かな自然環境をもつ「花の森」をインターネットなどで探しあて、「まだ、空きはありますか？」と県外をはじめとした広域から問い合わせがあったり、移住してくるという熱烈な希望者まで出はじめた。

その一方で、秩父地域においてはまだまだ知名度が低く、二〇一三年度は園児一〇名でのスタートとなり、運営状況は危機的な状況であった。とくに、園バスを維持していくためのガソリン代、車検、保険、運転手の人件費が運営を圧迫していた。秩父にかぎらず幼稚園での通園バスは一般的であるが、「花の森」には分不相応となるのだ。

そこで、大胆な「仕分け」を断腸の思いで行った。そして、

園バスを洗濯

保護者の方には、二万七〇〇〇円の分担金はそのままとし、園バスの廃止を提案した。また、クルーの時給はこれまでの半額となる四五〇〇円で乗り切りたいと提案した。保護者からは、「分担金を思い切って上げるべきではないか」という意見や、理解をしていただきながらも理事会に対する不満が噴出し、「バスの廃止は、実質の値上げじゃないか」といった声も聞かれた。

一般に、教育現場における経費の八割は人件費である。それくらい、教育活動の質を維持するために人的環境の果たす役割は大きいと言える。我々クルーも、超ブラックな分配でも教育の質を落とさないことで子どもへの責任を果たしたい、という所信を打ち出した。

子どもたちへのきめ細やかな対応を維持するためには、クルーのリストラは考えられなかった。前述のような給与の提示でも誰一人として辞めなかったことが、「花の森」の存在価値や存続の意義を理解している証明となる。同志だからこそ、この危機を痛み分けして、ともに乗り切ることを受け入れたのだ。

思い返せば、設立時は一日五〇〇〇円で引き受けた幼児教育である。だからといって、保育の質に関しては絶対に手を抜かなかった。それどころか、時間とともに「こだわり」を形にしてきた。あの時期を乗り切ったのだから、今度だってきっとやれる、という思いであった。

とにかく、この一年で立て直しを図らなければならない。どんなによいことだと共感してもらっても、誰も助けてはくれない。せっかく広がってきた自然保育や森のようちえん、一時の隆盛で消すわけにはいかない。ちょうど、内閣府による「子ども子育て新支援制度」の準備もはじまった。これは、すべての子どものためにとって最善の利益を目指すという制度だが、この制度から漏れている子どもたちが存在している。幸運にも地元の委員に選んでもらった私は、制度の隙間になってしまう無認可園で育つ子どもたちの存在を認知してもらわなくてはならない、と新たな危機感をもつきっかけとなった。

森のようちえん全国ネットワークを頼り、制度が変わろうとしている現在、社会化していくためにネットワークとして国に働きかけていくことを提案してみたが、「時期早尚」という回答であった。同時多発的に発祥した日本の森のようちえんは、各地域の環境特性を生かして運営されているため、細かい点ではその規模もスタイルも多様なものとなっている。だから、現時点で一つの方向性を目指すことは難しいということを思い知ることになった。とはいえ、時を同じくして、全国ネットワークは内閣府との懇談の機会をもったり、社会化に向けての勉強会なども開かれるようになり、徐々にだが、社会化のうねりが大きな渦になっていった。

二年後の二〇一五年四月二〇日、四〇代から五〇代前半の知事有志一二人が「地方創生」関連の政策を提言するグループとして「日本創生のための将来世代応援知事同盟」を立ち上げている。これは、地方での女性や若者の就業や子育ての支援策を検討し、実現を国に働き掛けていくことを狙いとしているものだ。たとえば、鳥取県の智頭町が「町おこし」として森のようちえんを若い子育て世代の移住の目玉にしたり、長野県が「信州型自然保育認定制度」（二〇一五年）をつくったほか、三重県では研究検証がはじまるといったように加速度的に広がりを見せている。

長野県県民文化部次世代サポート課の竹内延彦さんは、「信州型自然保育認定制度」を牽引し、県内での自然保育の普及にとどまらず、自然保育関係者の求めに応じて全国を駆け回っている敏腕行政マンである。「花の森」でも、二〇一四年一一月に竹内さんの講演会を企画して、その必要性と将来性について、秩父郡市の議員や行政の方々に理解を深めてもらうように訴えた。

この時点で、自然保育の有効性はじわじわと「花の森」にも染みてきたと言える。事実、この年以降、飯能やイギリス、アメリカ、寄居、深谷、草加、さいたま市、川越と、秩父地域以外から「花の森」を求める家族が現れるようになった。当然のごとく、園バスでは網羅できないエリアである。保護者自らが送迎を厭わぬ情熱をもって、「花の森」に通わせたいという人の存在が顕著になってきた。

そうだ！　これを機に、お母さんの送迎によって一番面白い場所へ、一番出会いたいものがある場所へ子どもたちをつれ出すことができるのではないかと考えるようになった。「飛び出せ花の森！」、これがバス廃止に代わって打ち出した観点である。

休日、クルーとともに秩父中の思い当たる場所を回って、子どもたちの活動拠点としてふさわしい所を探した。ようやく見つけた場所は、集合場所の札所から二キロほど歩くので、目的地をお母さんたちは知らない。そこは、子どもたちにとっては忘れられない秘密の場所となる。たっぷりと異世界で過ごし、神隠しにあった子どもたちが、再び竹藪や山裾から姿を現して家族の元へと帰っていくのだ。バスを廃止しなかったら、こんな感覚で遊ぶといったアイデアは生まれなかっただろう。この計画がゆえに、モチベーションが再び上がってきた。

　不登校や引きこもり、ニートの居場所である「かなりや」も粛々と実践の場として続けてきたことで、埼玉県秩父保健所から推薦をいただき、埼玉県の「ひきこもりつどいの場補助事業」として支援していただくことになった。大きな組織のなかから、私たちを見てくれている人がいる。勇気をもって、私たちの存在を「yes」と言ってくれる人もいるんだなーと思う。

　私たちが待ち望んでいた行政と民間の連携が、この小さな居場所からはじまったと実感できた。「禍福《かふく》は糾《あざな》える縄のごとし」、ダメになりそうになっても、つくり上げてきた気概がまた沸々と湧き上がってくるものだ。

秘密の場所

私たちの価値観が社会の価値観になっていくのにはまだまだ時間はかかるだろう。それでも、正直に歩いてきたことが理解され、広まり、認められていくときほど、社会にあることを幸せに思えることはない。この共同体感覚は、おそらく子育てにも共通することだと思う。

アウトリーチ

自己責任という、一見自立を尊重したかのようなフレーズは、やらない理由、手を差し伸べない理由として、不寛容な冷徹さを引っ張ってくるように思える。申請主義というのは、申請がないと執行のしようがないというものである。確かにその通りだが、当事者は申請による支援があることを知らなかったり、申請自体が困難であったりするものだ。また、煩雑な日常に追われてしまい、支援のための情報を集める余裕すらないという人もいる。

申請主義とは、「言ってくれればやるよ」というかつての「花の森」の状況に似ている。たしかに、手続きとしてはそうなのだろうが、これがすべてのケースの関所となるなら、子どもたちの行く末を案じながら手をこまねいている「指示待ち」状態ではないだろうか。これ一辺倒だと、困難者の評価や分析はできても、具体的な支援にはなかなかつながらない。

とくに子どもに関しては、日本国憲法に基づく児童憲章において「人として尊ばれ、社会の一員として重んじられ、よい環境の中で育てられる」ことが記されているし、また子どもの権利条約では、「生存、保護、発達、参加の権利の保障」が国際条約として定められている。秩父に暮らす私たちにも、これらを遂行する責任があるのだ。

中学二年生になる和樹《かずき》が「花の森」に来るようになって半年ばかりが過ぎた。学校には行っていない。和樹のお弁当は私がつくって迎えに行き、まだ布団の中にいる和樹に声をかけると、嫌がりもせず、支度をして助手席に乗って「花の森」に通うという日々が続いた。和樹の家庭環境は複雑で、学校も家庭との連携に苦労されているようだった。

和樹が次第に落ち着きを取り戻し、保護者が学校を遠ざけなかった理由としては、このときの教頭先生による父親への理解が深まったことが大きい。現象にとらわれてしまうと、それを更生することに力を注ぎたくなり、親に「もっとしっかりしてくれ」という励ましや要望が強くなってしまうものだ。しかし、それでは当事者の心を頑なにしてしまい、逆効果になるときもある。

あるとき、「いくら親の義務だ、責任だと言ったって、ヘトヘトになって一日の仕事を終えて帰ってきたら洗濯物の山と格闘。言うことをきかない思春期のお腹すかせた子どもたちにご飯をやって……。教頭先生が同じ立場で、同じ子育てをしているとしたら、どうですか？」と尋ねた。

「私には……無理だね」と、教頭先生は答えた。

「整わない環境のなかで、和樹《かずき》君のお父さんはよくやっていると思いませんか？」とお聞きすると、「たしかに、そうだな」と言った。

「そしたら、一回お父さんに敬意を払ってみませんか。『もっとしっかりしろ』と言う前に、男手ひとつでよく頑張っていると言ってやってください。そうしたら、もちこたえるだけの力がお父さんに沸いてくると思います」

教頭という立場で優先してしまったところが消え、もともと教頭先生のなかにあった温かい心が戻ってきて、和樹のお父さんの苦しみに寄り添うことになった。だから、お父さんは教頭先生のことが大好きになった。教頭先生を信頼して、頼りにして、「自分のような者にどうしてこんなに親切にしてくれるんだ」と心を開くようになった。


「花の森」での和樹は、口数も少なく、お弁当を平らげたあと「これ」といったことをするわけでもなく、子どもたちのなかにいた。手先が器用なので、複雑な折り紙を新聞であっという間に仕上げたり、山に入ると、ピョンピョンと斜面の木の間をすり抜けて、「ナイフあるか？」と言うので貸してやると、あっという間に弓を仕上げて子どもたちの前で披露してくれた。

そのときの子どもたちの興奮といったら凄い。「かっちゃん、どうやったの」とか「ぼくにもつくって」と言って、和樹の周りを子どもが取り囲んで、身動きが取れないほどである。

子どもたちには人気のあるやさしい和樹だが、父親との関係ではまだまだ苦労をしていた。自分の気持ちが表現できず、理不尽なことがあっても父親にはまったく抵抗できなかった。

ある晩、私ともう一人のクルーで家庭訪問をした際、和樹がクルーにぞんざいな口をきいたことに対して父親が、「何年か立ち上がれないようにしてやる」と言って一升瓶を振り上げた。これを見た和樹は、気持ちが炎上してしまって、父親に包丁を向けた。ようやく、父親に自己主張ができたのだ。私は、正面に包丁、背中に一升瓶という間に入って、とりなすのに必死だった。

思春期真っただ中の子どもがいる家庭では、人には言えないような事件が一つや二つあるものだ。その晩は、床に置いた一升瓶と和樹が手わたしてくれた包丁、そして飛び道具になりそうなものを抱えて私は和樹の家を後にした。しかし、この日を境に、和樹はお父さんとの関係が変わりはじめたように思える。お父さんは、自分の支配のもとから和樹を解放したようだ。

その後も和樹は登校しなかったが、夜、「ゆいっこ」（次節参照）という場所を使って週に二回行っている「てらこや」（序章参照）という学習支援の場所には必ず通ってきて、受験勉強を続けた。ひらめきの豊かな子どもで、学力面でも「伸びしろ」を感じさせた。中学校の先生たちの協力のもと入学試験を受け、見事、県立高校に進学した。

みんなで和樹の合格を祝ったのもつかの間、五月の連休明け、和樹は再び高校に行けなくなってしまった。義務教育を卒業すると、生活面に関して、家庭と連携できるところは希薄になる。

中学校の協力が得られなくなってからは、地元の主任児童委員や「花の森」でサポートするしかないという状況となった。

理由を尋ねると、「朝、起きられない」とか「朝飯がない」と言う。それではそこを支援しようということになって、地元の主任児童委員や「花の森」のクルーが交代で起こしに行ったり、朝ご飯を届けたりしたが、彼は高校に行くことはなかった。この支援作戦……失敗に終わった。

さて和樹《かずき》、これからどうする？　進級は絶望的、通信に切り替えるには費用が掛かりすぎる。定時制は働いている子どもが対象。「ゆいっこ」で和樹と面談しても八方ふさがりだったが、「高校は卒業したい」というのが和樹の一貫した主張だった。

和樹

和樹の担任は、リオデジャネイロオリンピックやり投げ日本代表の新井涼平選手をその世界へ導いた福島先生だった。和樹のことをよく見通してくれた先生は、出席状況などについて時折「花の森」に連絡をくれていた。その福島先生から、九月から定時制に転学してはどうかという提案が出された。学力も学習意欲も認められるが、朝起きられないことが和樹を勉学から遠ざけている。定時制は、必ずしも就労が条件ではないという情報をくれたのだ。この一言で光が見えた。ついに和樹の口から、「俺、定時制に行く。それなら、朝遅せぇから通えると思う」という言葉が聞けた。そう決心してから、九月に転学するための準備期間はわずかしかなかった。私はすぐに和樹をつれて、定時制高校を見学した。「ゆいっこ」で書いた願書を福島先生に見てもらい、明日が願書提出期限とタイトに時間が迫っていた。四時を回るころ、いつまでも腰を上げない和樹に、「先生に見ていただくなら、もう出発しないと先生が帰ってしまうよ」と言った。

朝、起こしてくれる人がいないのも、朝ご飯をつくってくれる人がいないのも、そんなことは彼が学校を阻む理由ではなかった。彼は行かないことを選択していたのだ。この失敗を教訓にして、願書提出に関しては「花の森」として動かないことにした。

これが自分の息子だったら、どうしただろう。そう言えば私は、何の面倒も見てきていない。高校入試も大学入試も、本人と学校にお任せ状態だった。正直、「花の森」のことでそれどころではなかった。でも、本人の選択を邪魔しないですんだとも言える。結果として、本人自らの意志のも

「ゆいっこ」での検討会

と、進路を決めることができたのだ。よし、和樹《かずき》にも、もう余計なことはしない！

夏の空に遠雷が聞こえる（雷に打たれたりしないだろうか……）。「行ってくる」と和樹は言って、傘と願書を持って八キロほどの道のりを忍者のようにピョンピョンと路地を抜け、小学校の山をショートカットして姿を消した。

翌日、蝉時雨の降り注ぐなか和樹は、青々と広がる田園風景から夏空に登っていくような傾斜の長い坂を力強く自転車のペダルをこいで、市内の定時制高校まで願書を提出に行った。そして九月、彼は定時制高校への転学を果たした。福島先生の予想通り、定時制では「すげー優秀な奴が来た」と評判になったらしい。

朝はゆっくりで、夕飯として給食が出るのもありがたかった。紆余曲折があったが、三年生になった現在、彼はプレス加工の工場で四時まで働いたあと、学校に通うという日々が続いている。試験や行事で学校が早く終わる日には、「てらこや」に顔を出してくれる。頼もしい青年になった和樹を見て、「てらこや」のクルーは目を細めている。園児のクリスマスプレゼントのお願いとして、「かっちゃんをようちえんにください」というものもあった。

人間だからいろんなドジもするし、間違うこともある。弱さゆえにさまざまな修羅場があって、その弱さが人を愛すべき存在にしていることを経験するだろう。心ない噂やレッテル張りなどで、地域の人々が非行を生み出す。しかし、その抑止力をつくることができるのも地域の人々だ。

多世代交流カフェ「ゆいっこ」の開店

　秩父市のはずれ、平成の大合併で秩父市となった旧吉田町地区は、北に城峰山をあおぎ、南に荒川を挟んで武甲山を望む。小鹿野町とともに「西谷津」と呼ばれ、吉田小学校のある場所が「秩父氏館跡」と言われている。桓武平氏の流れをくむ秩父氏のなかから、秩父重綱（平安後期の武将・豪族）の四男である重継《しげつぐ》（生没年不詳）が「江戸氏」を名乗り、江戸城本丸の辺りに居を構えたことから「江戸」という名称が興ったと言われている。

　現在の吉田に住む人の由来は、豊臣氏によって落城した北条氏鉢形城の落人であるという。夫の実家には、「明珍」と名の入った北条氏邦（一五四一～一五九七。三代氏康の四男）の三十二間筋兜が残されていた。

　吉田は、秩父事件の震源地でもある（一四一ページ参照）。『秩父事件』（中公新書）の著者である井上幸治は、著書のなかで「自由民権運動の最後にして最高の形態」と表している。現在、合併している秩父市はかつて「大宮郷」と呼ばれ、吉田から荒川を渡り、三〇〇〇人とも一万人ともいう農民が討ち入った場所である。だから、心なしか吉田は、大宮郷に後ろめたさがあるらしい。

しかし、徳川幕府に反旗を翻した志士を「賊」という評価はしない。たとえば、新選組も激動の幕末を生きた志士として認識されている。外から入ってきた人間が言うのも何だが、史実をひもとけばひもとくほど、もっと胸を張って、人民の自由自治を目指したことに誇りをもっていいと思うし、そんなDNAを受け継いでいる吉田の人をうらやましくも思う。

全国津々浦々、地域創生を目的として、NHK大河ドラマに立候補の声を上げているという。地方で史実をもっているのは強みだ。これらの歴史をもっと認知して、歴史愛好家や観光資源として前向きに生かすことができれば、龍馬亡きあとにドラマティックなヒーローが秩父にいたことがアピールできると個人的には思っている。

ここ吉田には、起源は江戸時代以前にさかのぼると言われている「龍勢《りゅうせい》祭り（農民ロケット）」がある。毎年一〇月の第二日曜日に行われる椋《むく》神社の例大祭で、二七流派それぞれの流儀によって、発煙筒や願いを込めたパラシュートを仕掛けた竹に火薬を詰めて、発射台から打ち上げるというものだ。一説によると、青空高く打ち上げられていくロケットが龍のような勢いであることから「龍勢」となったという。近年、大ヒットアニメの『僕たちはあの日見た花の名前をまだ知らない』（通称「あの花」・日本テレビ放映）の舞台にもなっていて、アニメが好きな人たちの聖地ともなっている。

そんな吉田の谷に民家を借りて、龍勢祭りの日に「ゆいっこ」はオープンした。この民家は、昨年まで東京の人が「週末畑」をするために借りていた所である。水回りなどもリフォーム済みで状態がよかったので、ここを拠点して、「居場所かなりや」からさらに発展した「多世代交流カフェ」として、地域の人々が寄りやすい場所をつくることにした（序章および一四九～一五二ページ参照）。

「居場所かなりやから展開させて、若者や地域が多様な人とかかわる場所」という企画検討会に関心を寄せてくれる人々を募ったら、吉田、小鹿野や旧両神地区の人が二〇人近くも集まってくれた。一様に「うちの近所にも、どこにも出ない若者がいる」と言う。こういう場所が地域に展開していけば、引きこもりやニートの存在を顕在化できるのではないだろうか。

当人たちは必要な暗闇に沈み込んでいる時期かもしれないが、浮き上がってきたら「こんな場所もあるんだよ」というメッセージを届けたいと思った。この活動も「花の森」と同じく走りながら考えるスタイルである。若者たちの様子に添う場所だが、何よりもまずは、若者たちと一緒にこの民家を掃除して、打ち水をして、地域の人々が寄る場所として整えることとした。

若者たちは、この世界とどのようにかかわっていったらいいのか、自分らしいとはどういうことかと考えて、どちらに足を踏み出したらいいのかと躊躇している状態といったらいいだろう。そこで、とにかく人との出会いを増やしていくことにした。

初めは、「かなりや」の開設当初にも行った羊毛の染めや糸紬を行った。年々充実して、今では若者の実家が経営する栗園のイガや藍を提供してくれる人がいて、毛糸の色も多彩なものになってきている。

染色については、飯能の染色家である春田香歩さんが起爆剤になってくれた。私の古くからの友人で、私が焼き物をしていたときは二人展など一緒にした仲だが、とにかく度胸があって、器が大きくて懐が深い。年齢不詳の少女のような人である。「ゆいっこ」の運営が火の車なことを知って、娘の花菜さんを演奏者として紹介してくれたり、自身の染め物の技術を惜しみなく授けてくれたりしたほか、さまざまな企画をもって来てくれた。

彼女はいくつもの顔をもっている。その一つは絵本作家で、「花の森」の子どもたちが大好きな本の一つである『だっこれっしゃ』（偕成社、二〇一三年）を出版している。また、東北大震災以降、毎年仲間とともに東北に慰問に行き、芝居一座のように手品を披露しているともいう。

何よりもうれしかったことは、地域の人が本当に温かく「ゆいっこ」を迎えてくれたことである。「花の森」を立ち上げたときには自分たちで持ち寄ったもので設《しつら》えてきたが、ここでは、地域の人たちがコタツ、扇風機、炊飯器のほか、布団屋で使っていた商品棚や座布団、そして「あったらいいだろう」というものを持ち寄ってくれた。不特定多数の地域の意識に触れたり、温かい支援を受けられたのは、ムクゲの山を下りて里に出てきたからかもしれない。

「多様な人々とのかかわり」と「自然環境とのかかわり」を、その名の通り「結い」から「ゆいっこ」の柱に据えている。子どものなかにいることが負担でない人には、「花の森」の保育に入ってもらったり、最近では一緒に米や大豆をつくっている。このような土にかかわる作業を人々のなかで経験することで、若者はぐんぐんと本来の若者らしさを取り戻していく。

若者の「はじめの一歩」は、大久保はるみさんとの会話である。何度も何度も、一人ひとりにたっぷりと時間をかけて、彼ら彼女らの言葉にはるみさんは耳を傾ける。そこで、親に聞いてほしかったこと、友達とのこと、やりたくてもできなかったこと、思い込んできたことなどが明らかになって、彼らの心が解きほぐされていく。

はるみさんとしか話せなかった若者が、徐々にほかのクルーとも会釈ができるようになり、会話になり、同世代との会話がもてるようになっていく。いつの間にか、声を上げて笑っているという姿も見られるようになる。若者支援においても、当事者同士の相乗効果は大きい。

「花の森」の運動会では、毎年、「かなりや」と「ゆいっこ」の若者が用具係を担当してくれるようになった。運動会当日の朝、一番に来た若者にクルーが「生きものがかり」を頼んだら、彼は山羊の糞を集めて山羊小屋の掃除をしていた。その光景を見て、この働きかけは、なまじ「かなりや」と「ゆいっこ」の状況を知る私やはるみさんにはできないと思った。

彼は素晴らしい笑顔で塵取りに集めた糞と箒を持って、「今日はよろしくお願いします」と言った。当たり前に接するとは、こういうことなのだろう。このとき、私は強烈にそのことを学んだ。それは、次のようなときに反映された。

年に一度の親の会が主催している「わくわく秋祭り」のとき、「かなりや」と「ゆいっこ」の若者に出欠を聞いたとき、明後日のことなのに「まだ分かりません」とか「行けたら行きます」と言っていた。それに対して、「そうね、どちらでもいいよ」と言うのは（状況によってはそれが適格な場合もあるが）、暗に「あなたがいてもいなくても祭りは回るから大丈夫」ということではないかと思えて、「ここまで準備してきたのだから必ず来て」と言うようにした。

きっと、「どちらでもいいよ」と言われてきた若者なのだろう。少し驚いたような顔をしたが、祭りにはやって来て、背伸びをするように歩いて、ニコニコ顔で一日を過ごしていった。

運動会の手伝いをする若者

年頃の若者なので、徐々に自分の稼ぎで生きていきたいと思うようになっていくだろう。そんな若者に、若者支援としてサポートステーションという仕組みがある。では、「ゆいっこ」としてできることは何だろうと思案していることを、当初からの支援者で、小鹿野町で無農薬のお茶園を営んでいる「出浦園」の出浦笑子さんに話したところ、「それで、働きたい若者は何人くらいいるの?」という返事をもらった。顔の広い笑子さんらしい言葉だが、その言葉に私は膝を打った。「そうだ、リストをつくろう!」

あいにくと、その当時、働き出したいという若者はいなかった。でも、きっとそうなりたいと若者は変容していくことだろう。みんながみんな、ハローワークで履歴書を書いて……という仕事の就き方でなくても良いのではないだろうか。秩父でなら、それができる。「ゆいっこ」の支援は、老若男女、存在を心に留め合う人々と出会うことである。それが若者を強くし、この世界への信頼を取り戻していくことになる。だから、そのときのために「リスト」をつくっておく。

この年（二〇一三年）、ＷＡＭ（独立行政法人福祉医療機構）の助成を受けて、協力企業のリスト化を図った。「ゆいっこ」の利用者には波があるが、週三回の活動に五〜六人の若者が集うようになり、なかなか活気のある場所になってき

荏胡麻の栽培

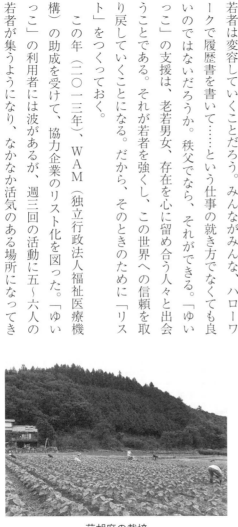

た。リストをもとに働き出した若者は、二年間で一二人になった。現在は、荏胡麻《えごま》の栽培と加工を行う「モリシゲ物産」に指導をしていただき、若者たちは荏胡麻の畑をつくっている。

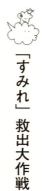

先日、人脈や人間性を見込まれてアルバイトから就職につながった若者が、育てている荏胡麻の畑の草むしりのために、「今日仕事休みなんです」と言って颯爽と現れた。「ゆいっこ」が若者たちの自己信頼と他者信頼を取り戻す場所となって、自分の足で歩きはじめて、自分で決めて卒業をしていく。主人公として生きる彼らの姿に、クルーたちは目を細めている。

「すみれ」救出大作戦

二〇一三年の冬、秩父は観測史上初めての大豪雪に見舞われた。秩父では、多いときには二〇センチくらいの雪が積もるが、三〇センチとなるとそうはない。ちなみに、三〇センチ積もると学校が休みになる。子どものころは、しんしんと降り積もる雪のなかにたびたび竹の物差しを挿して、「もう少し、もう一歩」と言って、休校になって雪遊びができることを期待していた。

この年の二月四日（水）から一〇年に一度という強い寒波が日本列島に流れ込み、秩父でも三〇センチほどの積雪があった。日中も気温が上がらないという日が続いたが、子どもたちは寒さをものともせず、大喜びでかまくらや雪だるまをつくったほかソリを楽しみ、瞬く間に雪を新しい仲間にしてしまった。

気温の低い日が続いた二月一四日（金）、一〇日前の雪が消える前に再び大雪となった。朝は通常通りはじめたが、自己判断で自由保育という形に切り替えた。遠方の子どもたちは、もちろん登園することができない。降園時間も道路事情に合わせて、家庭ごとの繰り上げ降園となった。このときの降り方は尋常ではなかった。子どもたちを早々に帰宅させ、チャボと「すみれ」に二日分の餌を用意して、クルーも家路を急ぐことにした。雪は一向に止む気配がない。テレビでは積雪の情報がひっきりなしに流れ、なんだか震災を彷彿とさせるような感じとなった。

明けて一五日、すべてを埋めつくすように、雪は一階の視界を遮るほどに積もっていた。あちこちで交通マヒや被害の状況が報告されている。

「花の森」は当分の間、臨時休園とした。そこで気がかりなのは、「すみれ」やチャボたちである。これだけの豪雪に小屋は耐えているのだろうか？　不安になったら、居ても立ってもいられない。とはいえ、家の玄関を一歩出た所には壁のような雪が立ちはだかっている。途中まで雪をかきながら車で進んだが、すぐにあきらめて帰ってきた。「無事でいて！」と気をもみながら一日を過ごすことになった。

翌一六日、なんとしても「すみれ」たちの安否を確認しに行かなければならない。お互いの自宅が近い「花の森」のクルーである大島八千代さんに声をかけて、夫に行ける所まで四輪駆動車で行ってもらうことにした。道々、目の前の車が止まるとバタバタと後続車からスコップを持った人たちが駆け付けて、道の雪をかき分けながら進んでいく。こんな所で立ち往生されてしまっては、先に進めないどころかUターンもできない。見ず知らずの人たちが協働して道をつくった。

自宅から距離にして五キロほど、普段なら五分もかからない所まで一時間近くかけて車で行き、リュックに着替えや食料を入れて、まったく除雪のされていない道を、雪かきスコップを片手に歩くことにした。途中、秩父消防署吉田分署に出勤するという人とすれ違った。車なら二〇分くらいの距離の蒔田から、すでに三時間は歩いているという。

歩きはじめて一時間半、ようやくムクゲ自然公園の入り口にたどり着いた。国道からわずかに入っただけなのに、八千代さんと私は唖然とする。なんと、ムクゲ自然公園の入り口は、誰も足を踏み込んでいない真っ白な一メートルくらいの深い雪に包まれていた。目の前に広がる美しい雪は、スキー場とはまったく違う。踏み固められていない雪の手ごわさを、足を踏み入れて初め

大嶋八千代　2008年春に「花の森」とムクゲ公園を見学。当時、心身が折れかかっていたが、古代的場所に雲谷から出られるように感じた。最初は手伝いとしてかかわったが、現在は様々な経験を重ね、自然を生かすことの大切さを自ら実感している。

て知ることになった。

「かんじきかスキーが欲しい」と言いながら一歩進むと、ざっくりと深い雪に足を取られてしまった。次の一歩が踏み出せない。両足を踏み入れたら最後、両方の腿まで雪に足をつかまれて、雪から足を抜いて次へと踏み出すのは簡単なことではなかった。

コツをつかもうと必死になりながら、好き好んで豪雪の山に登る二人のおばさんの姿を雪の女王がどこかでお腹を抱えながら笑っているような気がすると想像していた矢先に、後ろで「キュアアァァ、助けてくださーい」と叫ぶ声がした。振り返ってみると、想像していた通りの七転八倒ぶりだった。足が進まないことにイライラしながらもおかしくなってしまい、笑いながら「もー、自分でなんとかして！」と言ってしまった。

「すみれ」の救出に向かう

ふと、「八甲田山の雪中行軍はこんなもんじゃなかったんだろうな。寒かったろうな。幻覚も見るなー」ってことを考えながら、普段なら数十秒で上る坂を一五分もかけて上ると、「すみれ」もチャボの小屋も、四方が雪に埋もれながらも無事に立っているのが見えた。
「すみれーーー！」と思いっきり呼ぶと、小屋の窓からすぐに顔を出して、「べぇぇぇぇぇー」と答えてくれた。すぐにでも駆け寄って抱きしめたいところだが、今度は下り坂が待ち構えている。「転がったほうが早く行くかなぁー」といろいろ試してみたが、体の重さは雪を沈めるだけだった。

　またしても気が急《せ》くが、上半身はもがき泳ぐだけで、足は一歩進んでは一歩抜き、一歩進んでは一歩抜きを繰り返すだけだった。上半身と下半身のリズムが合わず、自由がきかないストレスで無駄に疲れてしまった。でも、そんなことはどうでもよい。「すみれ」も、チャボも、ウサギもみんな無事だった！

　結局、私が「すみれ」の小屋にたどり着くのに四〇分ほどかかった。屋根に上がり、スコップで雪を下ろしているころ、ようやく坂の上に八千代さんの姿が現れた。よくあきらめないでついてきてくれたなぁと嬉しく思う気持ちの反面、その姿を見て笑ってしまい、雪かきに力が入らなかった。八千代さんには申し訳ないが、目を伏せて雪かきに専念させてもらった。

救出された「すみれ」

このような状況だと毎日来ることはかなわないので、チャボたちには一週間分の餌を入れ、「すみれ」には二日分ほどの餌を入れてこの日は小屋を後にすることにした。

帰り、来た道は二度と通りたくないと思い、ショートカットをして（マムシ池のほうへ）、半ば転がり下りるようにして国道まで出た。国道には、動けなくなって夜を明かしたと思われる大型トラックが何台も停まっていた。国道沿いのコンビニで夫の車に拾ってもらって帰宅したが、日が暮れてからの雪明かりはいつまでも気持ちを高ぶらせた。

翌日も、道路状況は変わらず、復旧していない。今度は、夫と私でムクゲ自然公園を目指した。八千代さんと転がり下りた急な斜面から園まで上り、比較的短時間で「すみれ」の小屋までたどり着けたので、「すみれ」を自宅に避難させることにした。

テリオスキッド（ダイハツの車）の後部座席に座った「すみれ」は、意外にもそのまま首をまるめてスヤスヤと眠ってしまった（安心したのかな）。自宅に戻って、玄関ポーチに藁を敷き込んで仮の宿とした。朝早く「すみれ」と雪の道を散歩に行くと、道行く人が二度見してすれ違っていく。また、積まれた雪の上にズンズンと上って、高見から通りを見下ろしている「すみれ」の姿に驚いて、転んでしまったという人もいた。

「花の森」のクルーは、自宅の前の雪をかいて道路に出られるようになると、ようちえんでの雪かきのために出勤となった。このとき、白銀の彼方から黒い人影が現れた。友海《ともみ》のお父さんだった。「ようちえんがどうなっているかと思って……」と、雪かきの手伝いに来てくれたのだ。この大雪では、誰もが自分のことで精いっぱいだろう。そんななかでも、「花の森」に思いを寄せてくださることがありがたい。トイレの前、氷のようになってしまった雪を砕いてくださって本当に助かった。

ようやく再開できたのは二四日だった。記録に残る秩父の豪雪は、その後、雪対策という新しい危機管理意識を芽生えさせてくれた。

闘えGO

「登校刺激」というように、一般には子どもが学校や幼稚園に行きたがらないのを無理やり登校・登園させることは「よい」とか「よくない」とかさまざまな説があるが、人の顔や猫の柄が千差万別なように、「万民にこれ」というような正解はないと思う。子どもの気質にもよるし、事情にもよる。また、その子どもとの信頼関係にもよるだろうし、その日の天気やタイミングであったりする。

本人が決めているのならそれでいいが、行き渋っている子どもを前にすると、腫物に触るようになってしまったり、説得したり、強引になってしまったりして、軌道を逸して平常のやり取りができなくなってしまうことがある。往々にしてそれは、拒否されている学校や幼稚園など、受け入れる側だったりする。

年少の春など、「ようちえんに行きたくない」というのは通過儀礼のようなものである。バス停や園の門の所で、お母さんから子どもを奪うように抱き取ることもある。タイミングとスピード感――時間をかけるのはこじれるだけで得策とは言えない。私にも経験があるが、お母さんも後ろ髪を引かれる思いでいるのだろうが、ブレずに「じゃぁね」と送り出していただきたい。

お母さん方には残念なお知らせだが、靴を脱ぐころやバスが最初の角を曲がるころには、塩が噴くほど泣いても子どもは社会人の顔になって遊びだしていたり、「ママのしたくがおそくておくれた」くらいのことを言っている。その変わり身の早さを見ると、一回は泣くが、揺らぎそうな決心を「それでいいよ」と背中を押して欲しいのではないかと思ってしまう。

子どもは泣いて強くなる。熱を出して強くなる。「泣きエンジン」とでも言えばいいのか、奮い立って泣いてしまうなんて愛おしいかぎりである。だから、「泣いているから無理をしないで、今日はお母さんといてください」と言ってせっかく空吹きしているエンジンを切ってしまうことなく、「泣きエンジン」が前に進むようにギアを入れてあげたい。

「ママがいいよぉー。ママがいいよぉー。おうちにかえりたい～」

「そうだね、私もママがいいよぉー」

「えっ?、せんせいもママがいいの?」

「そりゃいいわよ。私も、ママのいる実家が大好き」

ママがいいという気持ちに寄り添いながら、そっとギアを入れてあげてほしい。そして、アクセルの踏み加減を覚えてもらい、自分で駆動できるようにしてほしい。

自由（自らに由って）に生きるしなやかさとは、誰かを論破したり、凌駕したり、他者より優位に立つことでは決してない。自らの意志と、それを阻もうとする自らの弱さと向きあう勇気があれば、体験の積み重ねによってそのしなやかさは育まれていく。そういう意味で考えると、闘う相手は自分となる。


年長の剛《ごう》が車から降りてこない。お母さんも繊細な方で、いろいろと心労があったようだ。それを案じてか、「ようちえんにいかない」と言って降りてこない。母親を案じて母親から離れられないと踏んだ私は、車のドアを開けて、「お母さんは、剛がそばにいなくても乗り越えられます。剛は自分のことをしていて。お母さんは大丈夫です」と言ってさっと抱いたら抵抗をしなかったので、そのまま「じゃぁ、お母さん行ってきます」と言って園舎に連れていった。

年長の剛が抱かれて泣いているものだから、みんなが案じて「どうしてだっこされてるの?」

「どうしてないてるの？」と、同じ年長の子どもたちが聞いてきた。
「剛は闘っているのです」と私が言うと、「だれとたたかってるの？」と、さらに尋ねてくる。
「剛は自分と闘っているんです。だから、少しの間、闘わせてあげてね」と言って、彼を奥の台所に連れていった。そこで落ち着くまで抱いたり、話をしたり、一人で木のパズルをしたりしたあと、自分からみんなのなかに混ざっていった。

　卒園式の日、剛があの日に使った木のパズルを見つけて、「あっ、これ、俺が自分と闘っていたときにやったパズルだね」と言って持ってきてくれた。剛のおしるしのセミは、七年もの長きにわたって黙して地に潜り、お日様の一番強い季節を選んで姿を現す。そして、暑さに相乗する声で生命を謳歌する。

　お日様がまぶしすぎて辛いときは地に潜りなさい。水に潜って体を冷やしなさい。でも、大丈夫。きっと乗り越えられる。またお日様が欲しくなるときも来る。必ず乗り越えられるようにできている。

コラム3 たいせつな1年（齋藤由香里：保護者）

悠の虫取り

初めて「花の森」を訪れたとき長男の悠は年少の冬で、近所の幼稚園に通っていました。オープンデーの日、会ったばかりの友達と山の中を駆け回り、大きな霜柱を抱え「ママ見てー」と駆け寄ってきたときのうれしそうな姿を今も忘れることはできません。

悠が生まれてから近所の林を散歩するようになりました。ヨチヨチ歩きの息子の手を引きながら眺めた景色、成長して夢中で虫を追いかける姿、こんな穏やかな日が続けばいいなー、このような空間で共に過ごす仲間がいたら……と感じはじめた時、「花の森」に出会ったのです。悩み、考え抜いた結果、年長の春に悠はここの園児となりました。

転園して２日目、「ママおみやげ！」と得意そうな顔で持ち帰ってきたのは、袋にいっぱいのアズキナ（山菜）でした。思わず、息子が夢中で摘む姿を想像してしまいました。時間がかかったんだろうなー。その時間を先生が見守っている、心が温かくなりました。

２歳になる次男をつれてオープンデーに行ったこともあります。山に入って遊んだあと、山を下りようとした時です。年少と年中の男の子が、次男の手をとって一緒に歩いてくれたのです。その男の子を見て、心が温かくなったことを覚えています。こんな経験を繰り返すうち、自分以外の子どもも「かわいい」と感じられるようになったことをうれしく思っています。

2016年の春、長男は小学校に入学し、次男は「花の森」に通っています。共に、季節の移ろいを感じながら思い切り遊んだ子ども達です。その将来が楽しみです。

第8章

人のなかで育つ

（2014年）

いぶし銀の人々

前述したように、「花の森」はムクゲ自然公園の元食堂「やまねこ亭」を園舎として利用している。「やまねこ亭」がいつ建てられたのかは定かでないが、大きな一部屋の幼児スペースは、床が波打っているし、サッシの立て付けが悪くてガタガタしている。それでも、雨風がしのげる私たちの大切な園舎である。

食堂のときには座敷として使っていた一五畳のスペースは、フローリングが主流となった現在の暮らし向きにおいても、畳の目に沿って掃除をするという経験が可能である。年少の子どもたちにとっては座っての作業が可能だし、食事のときには何人でも座れるので利便性が高い。急に子どもが熱を出したときも、お母さんを待つ間は布団を敷いて休めるので、改めて畳文化の融通性を再確認する。この畳も、「花の森」が使うようになって八年、さすがに畳表がだいぶ擦り切れてきた。

資金の余裕がまったくないので、欺し欺し使い続けるしかない。それにしても……と思っていたとき、お祖父ちゃんが畳職人という子どもが入園することになって、一五畳の畳すべてを新年度前にリニューアルしてくれた。（感謝！）おかげでこの年は、イ草の心地よい香りに包まれて、まるで新しい園舎になったような気分でスタートできた。

　これまで「花の森」は、畳職人の平守之さんのように、腕に覚えがある「いぶし銀」の方々に何度も救っていただいている。学生ボランティアの少ないこの町で、「花の森」のような団体を厚みのあるものにしてくれているのがこのような人たちである。

　ここでは、そんな方々を紹介していきたい。もちろん、すべての方を紹介することはできないが、地域との連携が図られていることを読み取っていただけるとうれしい。

　切り絵師の亀田行永さんは、週に一度、紙切りの支度を広げて、ハサミやカッターで切り絵をしている。自然と、彼の周りに集う子どもたちが出てきて、切り絵で遊ぶグループができてしまう。三〇分でも一時間でも、夢中になって切り絵の世界に浸ることになる。

　秩父の山を地下足袋で駆けめぐり、チェーンソーをギタリストが演奏するように使いこなすのが富田林業の富田重雄さんである。軽技師のような身のこなしとするどい眼光、一見すると怖そうだが、実は子ども心をもった優しい男性で、シイタケの榾木をつくる傍ら

子ども達と富田さん（右）

切り絵師の亀田さん

四基の窯をもつ炭焼き職人である。「花の森」で行っている「同じ釜の飯の日」に使っている調理場の屋根と炭は、富田さんがつくってくれたものである。

このほかにも、「ラパン・ノワール・くろうさぎ」[1]には、毎年パンづくり体験をさせていただき、「同じ釜の飯の日」で培った調理力を、こちらの調理場で発揮させていただいている。江戸時代から続く藍染の「齋藤染物店」[2]にも協力をいただいている。父の日に藍染めのTシャツをつくっているが、これが結構評判になっている。実は、六代目となる息子さんは「花の森」の園児である。

一九六〇年代、秩父では養蚕農家が八〇〇〇軒もあったという。それが現在、わずか一〇軒になってしまったが、秩父の産業を担ってきた養蚕を現代に引き継ぐJA秩父養蚕部会の会長である宮崎豊二さんから蚕を分けていただき、「花の森」のご近所に住む吉岡さんの桑で育てている。

これまで牛乳パックを再生して敬老の日のお便りをつくっ

「ラパン・ノワール・くろうさぎ」の新井さん

齋藤さんと藍染め体験

てきたが、秩父に縁のある桑でつくることを数年来温めてきた。世界を駆けめぐる紙漉きの匠・田村正さんに、清水の舞台から飛び降りる思いでお願いしたところ、何と実現することになった。

元来、イ草も炭も藍も絹も紙も命からのいただきものである。今や、燃料は化石燃料や電気に代わり、染め物や繊維も化学の力によって化繊やポリエステルが生まれ、命からいただくという感覚がずいぶん希薄なものになってきた。そして、これまで持続させてきた生物の保護と技術の伝承が大変危うい状況となっている。

誇り、豪快さ、そして繊細さを兼ね備えた職人さんの人柄や仕事ぶりに接すると、現代人が失くしたものは、循環型の暮らしだけではなく、自然に委ねながら手をかけて生きる頼

（１）〒368−0033　秩父市野坂町１−18−12　TEL：0494−25−7373
（２）〒368−0032　埼玉県秩父市熊木町44−22　TEL：0494−22−3781。

宮崎さんご夫妻

紙漉きの師、田村さん

もしさや幸福度ではなかったかと思えてくる。豊かな地球環境が継続してこそ、子どもたちの活躍の舞台が保障される。植物、鉱物、動物、人間が混ざり合って世界を豊かなものに育んできたという感覚を磨くことが、持続可能な社会を構成する希望を見いだすために必要なのではないかと思っている。そんな感覚を磨くだけの環境が、ここ「花の森」にはある。

実際に保育にも携わってもらい、「花の森」の活動を深めてくれている二人の男性がいる。その名は「グランパ」と「タッキー」。私たちはこのコンビを「タッキー&グランパ」と呼んでいる。グランパは元理科の教員である。バンダナに髭もじゃと、いかにも山男といった風貌である。一見すると気難しい感じがするのだが、子どもたちに「グランパと呼んでくださーい」と言う、人懐っこい男性である。屋久島、ボルネオ、インドと、世界を股にかけて山やジャングルを訪ね歩き、蝶を愛する永遠の青年でもある。

一方タッキーは、秩父近郊の山々を知り尽くしており、「山で死ねたら本望」と断言する山男である。「秩父ミューズパーク」(3)の南に位置する駒沢の水辺を、二〇年以上にわたってコツコツと整備してきた「秩父版・木を植える男」である。野遊びに関して、この人の右に出る人はいないだろう。

実は、園外保育を行うときは、「タッキー&グランパ」にも同行してもらっている。老若男女がそろう、おかしな一行での行脚《あんぎゃ》となるので、いかんせん注目されてしまう。この二人と歩くと、見えてくる自然界が本当に広くなる。ずっとこの時間が続けばいいなぁー、という幸福感を感じさせてくれるので、子どもたちも生き生きとしてくる。

「みんなでカタクリの種を蒔いてみるかい?」とか「ガガイモの種を飛ばしに行こう」と、突然言ったかと思うと、いつの間にかいなくなっていたりする。子どもたちとも対等な関係で、おだてもしなければ褒めもしない。いたってマイペース。どうしたら、あんなふうに自然体でいられるのかと不思議に思う。「タッキー&グランパ」は、もしかしたら秩父に住んでいなくて、エント(4)かなんかではないかと実は怪しんでいる。

タッキーについては、長い付き合いの割にはほとんど何も知らない。約束した日の数日前、山の様子を知らせるメールが早朝に必ず

（3）〒368−0102　埼玉県秩父郡小鹿野町長留２５１８　TEL：0494−25−1315

（4）J・R・R・トールキンの小説『指輪物語』に登場する、木に似た巨人の種族で樹木を守る木の牧人。

グランパ（中央）

タッキー

届く。その書き出しは、「オッハ～。貴方の……」となっており、「貴方」はいつも漢字表記となっている。私が目覚めたときには、すでに山を歩いたあとということだ。

山で会って、山で遊んで、一緒にご飯を食べて、地面に寝転んで梢や空を見上げたり、ゴロゴロと草の上を転げたりする。冬には、リスやクマになったつもりで、ふかふかの落ち葉に潜って眠ったりもした。

あるとき、グランパが渾身の演技でエリック＝カールの『はらぺこあおむし』（もり・ひさし訳、偕成社、二〇一〇年）」を演じているとき、タッキーは涅槃のポーズで昼寝をしていた。それもまた自然な感じで、何となく詳しい身元を聞くこともなく何年も経ってしまった。

「花の森」の教育目標である「自由と友愛の幸福感を持つ人格の根を張る」ということを体現している「いぶし銀」の人たち、人やモノの呪縛から逃れて自由に自らの足で歩き、無骨だけれど、誰のものでもないスペシャルな生き方で他者に貢献している。このような幸福度の高い人々によって、私たちの活動は支えられている。

本を読むグランパと昼寝をするタッキー

自らに由る遊び――発見はいとおかし

遊びが仕事であり、生活である子どもにとって、大人が主導することなく、子どもたちが自ら動きたいようにやりたいことを見つけて過ごすことは、主体性と責任、つまり主権者意識をもって生きていくために大切なこととなる。とくに集団生活における遊びのなかでは、子どもが自らの力でより良く生きることを学んで育っていく機会となる。

子どもたちは、やりたいことの選択、仲間の選択、道具の選択、イメージの選択、ルールの選択、身体の動きの選択、ストーリーの選択など、図らずもたくさんの情報を取捨選択し、脳をフル稼働させている。そして、これが「一番楽しい！」となる。なぜなら、主体的でいるからだ。そのうえで沸き起こる「何故？」という疑問や規則性、果ては倫理や哲学へと深まるような発見をこの時間にしている。

「花の森」では、主体的に遊ぶ貴重な時間として、自由遊びの時間を「自らに由る遊びの時間」と呼んでいる。そんな「花の森」の朝は、それぞれが「自らに由る遊び」でゆるゆるとはじまる。

粘土で、いくつも黙々とカタツムリをつくる。絵本を一人で開いている。仕度を解きながら、光が床にチラチラと光るのを見つめる。草を抜く。虫取り網を持って、友達と蝶やバッタ捕りにエンジン全開で駆け回る。先生から熊手を譲ってもらい、落ち葉を集めて落ち葉の山をつくる。外にある水道の水をコップに入れて、空に向かってまいて、水の玉が描く放物線をつくっている。何ともさまざまな遊びが見られる。

ある日、ブランコをこぐ子どもの前に数人が待ちかまえていた。揺れているブランコの間隙をぬって行ったり来たりしていたかと思うと、迫ってくるブランコを地面に伏せてやり過ごしては歓声を上げている。それらの遊びを、私たちは「黒眼の端っこ」で見る（二四九ページ参照）。

和《なごむ》が半分に割った竹を畑に運んでいる。水やりの方法を考えついたようだ。樹《いつき》に、竹を一緒に持ってくれと言っている。山羊の「すみれ」と「リイサ」が畑に入らないように網を張ってあるので、たしかにジョウロで水やりをするのは大変な手間だった。

外でも読書

畑の柵に竹の端の一方を乗せて、畑の中に傾斜をつけて差し込むように立て掛け、柵の外から竹に水を流してやると畑に届くという仕組みだ。これで、柵の外から水やりができる。水やり装置を取り付けた二人は、ジョウロを持って水場から畑までの傾斜を何度も往復して、時々竹の向きをかえては水やりをしていた。

砂場のほうで、瀧大《そうた》が「ねんどがでたぁ！」と叫んでいる。土を掘って水を流し、水路や温泉や滝をつくっていたら見慣れない土が出てきた。その採掘方法は、ジョウゴを使ってグルグルと掘り出すというもので、瀧大が編み出したものである。

粘土質の土に砂とは異なる粘性を感じ、違いを確認しているようだ。粘土は、表面の土を掘ると出てくることを教えてくれた。子どもたちは、砂場の砂とは違う質感に触れて大興奮となった。

「どんどんほると、どうなるの？」

「ちきゅうのまんなかへいっちゃったりして」

「そんなに、いかないでしょう」

「マグマがでてくるかさぁ」

ワクワクするような言葉が飛び交いながら、粘土掘りが楽しくはかどっている。その後、子どもたちが砕いて石を取り除いた粘土を少し乾燥させて菊練りしてみたら、三キロほど

竹で畑に水やり

の粘土ができた。山の粘土には可塑性があるので、砂ではつくれない器やアンパンマン、そして板チョコができた。これらを、「同じ釜の飯の日」の竈《かまど》の隅にくべれば、野焼きもできるかもしれない。明日は、採掘や粘土づくりに興味をもつ子どもが増えることだろう。

気が付いたら、千広《ちひろ》が一人で水簸《すいひ》して滑らかな粘土を黙々とつくっていた。子どもが次々に集まってきて、「もっとねんど、もっとねんど」と言っている。そうか、こんなに欲しくなるものなんだ。袋を開けて使う粘土だったら、なかなかそこまでは思わないだろうが、山からいただいたということに感激しているのかもしれない。

粘土掘り

自然界からいただいたものは、何か無尽蔵であるかのような錯覚にとらわれる。逆に言えば、幼児期から資源のことにもつながりを感じやすいということになる。節度や循環のための知恵について、突然考えさせられる場面となった。

晴れないとプールには入れないけど、雨が降らないとプールに水がたまらない（「花の森」のプールは山の水をくんでいる）。水とはなんぞや、という問いをもらったこともあった。「自らに由る遊び」で発する子どものエネルギーは大きく、発見の経験は深く子どもの関心をとらえ、「この世界は楽しい！」となっていく。動的な発見も静的な発見も同様に尊く、私たちの力量が試される。

秋に新色登場

来年度から二歳児にまで保育を広げるという構想があり、保育クルーを新たに募集したいと考えていた。とはいえ、超ブラックＮＰＯの就労をハローワークにお願いするわけにもいかない。知り合いの女性に頼み、もう一人誰か……と思っていた。そんなとき、一一月に行っている恒例の「わくわく秋まつり」に、「花の木幼稚園」（一七ページ参照）の元教諭であった久米谷浩子さんの姿を見かけた。私は迷わず浩子さんの所へ走っていき、挨拶もそこそこに、事情を話してクルーになってほしいと打診した。

「いいですよ」

えっ!!　拍子抜けするような二つ返事であった。こういうとき、本人がその気になっていても、ブラックＮＰＯに対する考え方によっては家族を不幸にしかねないので、家族にきちんとご理解をいただく必要がある。ちょうどご家族でいらしていたので、夫である進さんのほうに向き直って「いかがでしょう?」と確認した。

「いいですよ」

「えーーーーーーーーーーいいのぉ、いいのぉぉぉぉぉ、(考え直すなら今の内ですよ)」

いったい、どうなっているんだ……この家族は。

めでたくクルーとなった浩子さんが「花の森」に来てくれるようになり、主に二歳児の桐組の担当をしてもらうことにした。「主に」と書いたのは、「花の森」は縦割り保育を行っているため、全体にもかかわりをもってもらう必要があるからだ。

一番若いのに一番冷静沈着で、適格に仕事をこなす穏やかな人柄は、子どもたちだけでなくお母さんからの信頼も厚い。一番年上なのに粗忽者の私の押さえとして、浩子さんは「花の森」になくてはならないクルーとなった。浩子さんという落ち着きのある色が「花の森」のクルーパレットに加わり、ますます深みを増した保育が展開できるようになった。

久米谷浩子　秩父生まれ、秩父育ち。保育士、幼稚園教諭、介護福祉士の資格を取り、20年前に「花の木幼稚園」に就職する。鯛谷園長との出会いが大きな財産となった。退職後、専業主婦となる。2014年から、2歳児クラス「桐組」を担当。

「花の森」の芸術鑑賞会

この年の年長は、『アナと雪の女王』に縁があった。秋に行った運動会のダンスでは、元気でリズミカルな嵐の『ガッツ』からはじまり、途中で『アナと雪の女王』に切り替えて、表現力を活かす作品に仕立てた。そして冬、子どもたちは雪の積もった山に繰り出して、「アナ雪ごっこ」を毎日のようにしていた。

映画には、アナ役の神田さやかさんとのデュエット曲『とびら開けて』が挿入されている。難しい曲だが、子どもたちはその歌が大好きだ。

この『アナと雪の女王』には、似非ハンサ

『アナ雪』を踊る運動会

ムのハンス王子という男性が登場している。このハンス王子の声を演じ、ミュージカルや芝居で活躍している俳優の津田英佑君は、私の高校時代からの旧友である深見梨加さんの夫でもある。梨加さんは、アニメ『セーラームーン』のセーラーヴィーナス役で一世を風靡し、最近では『マレフィセント』のアンジェリーナ・ジョリーや『ゼロ・グラビティ』のサンドラ・ブロックの声を担当している、今をときめく声優である。

梨加さんに、今の年長が卒園する前に遊びに来てもらえないかと誘ってみた。すると即答で、「スケジュールが合えば行くよ」という嬉しい返事が届いた。そして、本当に突然、英佑君と梨加さんの休みが急にあったという

津田英佑・深見梨加ご夫妻と一緒に

ことで、「明日、行く」ということになった。

親たちにはもちろん話をしていなし、子どもたちには、舞台や声の仕事が主な二人を見ても芸能界の人とは分からない。いつもさまざまな人が訪ねてくる「花の森」なので、いつものように迎えて、男の子は英佑君を相手にチャンバラをはじめた。

このときも、子どもは凄いと思った。オーラを感じたのか、スラッとかっこいい英佑君の腰の据わった身のこなしに「只者ではない」と察して、「もしかして、かめんライダー？」と質問していた。

一方、女の子たちは梨加さんに『アナと雪の女王』を知っているかと尋ね、「はじめにMay J.でうたうね」と思い入れたっぷりに歌い、「こおりのかいだんあがるんね」と途中シーンの解説をしてはまた歌い、さらに「とちゅうから、まつたかこ（松たかこ）になったんだけど、わかる？」と、大物声優相手に「どや顔」のため口をきいていた。素晴らしい!!

お弁当をすませてから、子どもたちがハンス王子とマレフィセントを山に案内した。みんなが帰ってくるまでにマイクを用意して、サプライズで二人に歌ってもらうことにした。

子どもたちは、キツネにつままれたような顔をしている。さっきまで悪役をやってくれていたお兄さんと、物語の解説と歌をどや顔で披露してあげたお姉さんが歌っている！　二人の正体を知った子どもたちは、逆に照れてしまい、引き気味となったが、歌が終わるとまた人懐こく二人に引き寄せられていった。
打って変わって大興奮だったのは、お母さんたちだった。まるで少女のようなはしゃぎ振りであった。エンターテイメントの力というのは凄いものだ。私も、お母さんたちの別の顔を冷静にうかがえた日となった。

素晴らしい才能をもつ二人だが、私が知っている梨加さんは親孝行の面倒見のいい女性であり、正月の初売りでは列に並ぶという普通の主婦である。それでも、仕事に対する真摯さや、演技に関しては「さすがプロ」と言える。高校時代からアルバイトをして、自分の進むべき道を迷わず目指した彼女。やりたいことをいち早く決め、それを目指していくことも才能だと思う。

第 9 章

自然実感の環境教育

（2015年）

見たまま、そのまま、ありのまま

昨冬の記録的な大雪も、雪の下で細い首を持ち上げたセツブンソウも、そして春には「再生の力を見よ」と言わんばかりに、あたりを覆うように花をつけた花木も、「ありのまま」のアメージング状態である。『アナと雪の女王』の主題歌『LET IT GO』を山の見晴台に立ち、主人公になった気分で、大きな声で「ほおっておけ」と歌う「花の森」の子どもたち。「ありのまま」でいいではないか。

本来の姿と対峙したとき、人は分岐点に立つものだ。「ありのままでいい」という声を聞いても、不思議と人は落ちてはいかない。内なる動機をもって、等身大の自分で歩きはじめたとき、数々の奇跡を起こしていくものだ。

私の感覚では、「ありのまま」と「見たまま」というのはまったく別物である。誤解されやすいのだが、「ありのまま」というのは、見えている不自然な状態や閉塞している状態のことではなく、体裁や強がりや欲といった鎧を置き、霧をかき分けるようにして見えてくる姿のことである。ゆえに、そのままでいいと言うわけではないと私は思う。事実、そのままでいいと思っている人はまずいない。

「ありのままでいいって、嘘ですよ。あなた、泥のついた大根をそのまま食べる人はいないでしょう」と、美輪明宏さんがあるテレビ番組で話していたが、それはその通りである。泥がついた大根は「そのまま」であって、泥が落ちた状態を見据えられるかどうかが重要となる。

実は、子どもの本性は貪欲なもので、人格を太らせたい（よくなりたい）と思っている。周囲の者が、その本質を見誤らないことも重要となる。二歳を過ぎたころの「いやいや期」にはじまり、子どもが渾身の生命力でさまざまな世界を試すことは、大人にとっては面倒なときもある。しかし、このとき子どもは、結果を体験したり、止められたり、迷惑をかけながらその世界を確かめている。そして、大人の気を引くための方法として、これが絶大な効果を発揮することも知っている。

二年前、まったく歩かない状態で奈歩《なほ》は「花の森」にやって来た。歩かないどころか、「くつがぬげません」「てはあらいません」「じゃぐちはひねりません」「だっこしてくださーいっ」「おんぶしてぇぇえぇえぇえぇ」と、もう笑うしかないくらいの状態で入園してきた。しかし、どの人なら自分の

I'm OK

言うことを聞いてくれるのかを、ものすごい動物的な嗅覚でしたたかにかぎ分けていた。そのうえ、自分の意志や要求をしっかりと伝えることができるという強みをもっていた。

　これが出会ったころの奈歩《なほ》の「見たまま」である。当然、このままでいいよ～とは言っていられない。日を追うごとに誰も言うことを聞いてくれないものだから、自分で何とかやらざるを得なくなった。そのうち、できていくことが面白くなってきたようで、毎日が発見の連続であったようだ。

　こんな奈歩と一緒にいると、まるでアン・サリバンとヘレン・ケラーの関係を思い出す。初めて井戸の水に触って「Warer」と言葉を発し、モノに名前があることを発見したようなことが、奈歩の内で次々に起こっているようだった。

「花の森」のフィールドであるムクゲ自然公園の山は、かなり鋭角な斜度がある。ここでの生活が日常となっている子どもたちにとっては何でもない斜度だが、よそから遊びに来た子どもたちの腰の引けた慎重な足取りを見ていると、「あーうちの子は凄いんだー」と改めて気付く。

　そんな急斜面だから、奈歩はもちろん山道が大嫌いだった。徐々に傾斜にもなれて、少しユラユラしながらも自分で登っていくようになったなぁと思っても、下りが怖く、「もう、おりられません。せんせいヒドイ！　だれかぁ、だっこ、だっこしてくださいぃぃぃいぃいいい」と山がひび割れそうな絶叫で涙ながらに訴えてくる。駆け降りていく子どもたちに追い越されながら、一番最後を奈歩のペースで一緒に歩く。最初は奈歩が少しずつできるようになったことを二度と歌えない即興の歌にしてあげると、喜んで足を進めていた。

足元がおぼつかない奈歩にとっては、登りよりも下りのほうが困難である。そんなことは、こちらは百も承知している。「登れたんですから、降りられます」と、きっぱり一言告げると、再び何事もなかったように歩きだした。

そのほかにも、こんなことがあった。木の枝に引っかかっただの、石につまずいてよろけただの、体を建て直したらもう一回よろけたと言っては、山がひび割れるような絶叫をあたりに響かせていた。こんなとき、必死な訴えを聞きながら、愛しさで抱きしめたいのを堪えていた。

「奈歩ちゃん、この山には転ばせ小僧というのがいるって聞いたことある？」

「しらないわよっ、そんなものぉぉぉぉ」と泣きながら怒っている。

「じゃ、教えてあげるからよーく聞いて！　せっかくのお花や虫も見ないで、足元も見ないで泣いている子を見つけると、いたずらしたくなる妖怪なの。ひょいと足をすくっては転ばせるんだって。そうすると、コロコロと山から転がっていく子どもの姿を見て、あ～面白いって言うんだって」

こういう話を、子どもは吸い込まれるように神妙に聞く。事実、泣きながら登ったり下りたりすると注意力が散漫になり、一つ間違えば大けがにつながることもある。こぼれていた涙がジュルッと目のほうに引っ込んで、奈歩《なほ》はノッシノッシと歩き出した。

「転ばせ小僧」は春の山によく出没する。翌年、「ころばせこぞうにつかまるよ」と、メソメソしている年下の子どもたちに向かって奈歩が言っていた。今年、年長になった奈歩は、少々気分屋だがすべてのことが自立している。体力もつき、新しい自分の姿と次々に出会っている。

山から聞こえてくる絶叫を聞いた人たちは、どんな酷いことを奈歩にしているのかと思ったかもしれない。とはいえ、クルーは私の処遇を疑わないし、このような叫び声はお迎えの親たちも聞いているから慣れているかもしれない。それにしても、ご両親は本当によく私たちに任せてくれた。もちろん、この間におけるご両親のバックアップにも頭が下がる。

「とにかく、ご両親が奈歩の要求をすべて受け入れないようにしてください。召し使いにならないでください」と私が言った数日後、奈歩は「せんせいがおかあさんにいったから、いったとおりになりました」と報告してくれた。

今度は支える側になる

「まかせてもらえてよかったでしょ」と答えると、「うん！」と返事をして走っていった。

奈歩の「見たまま」は二年間ですっかり変わり、「ありのまま」に近づいてきた。

信頼をもって生まれてくる

自然界では、今日種を蒔いて明日花が咲くということはないが、必ず季節はめぐり、時期が来れば花が咲き、実もつける。もう二度と晴れることはないのでは、と思えるような激しい嵐もやがては去り、雲が切れて青空が戻る。淘汰もされるわけだが、大地の肥やしとして自然のサイクルのなかで生かされていく。これが揺るがない法則であり、信頼でもある。

自然保育や森のようちえんを掲げる団体は、大人のあり方として「待つ」とか「見守る」といった姿勢を大切にしているところが多い。比較的少人数で、子ども五～六人に先生が一人つくので、山に行っても遅れを気にしたりせずにすむ。それぞれの子どもの気質や体力に合わせて、先生たちはいい具合に気配を消して、見ていないようにして見守っている。

「花の森」では、これを「黒眼の端っこ」で見ると表現している。絶妙な子どもとの距離感を保っていると、子どもたちは大人の目を気にせず、ありのままの姿で子ども同士の社会経験を育んでいく。

しかし、それに比べて家庭では、口や手を出さずに子どもを信頼し、不安な気持ちを乗り越えるためにはやはり勇気がいるだろう。主体性をもたせたいと思いながらも、タヌキの糞が分解される様子を一日中眺めている子どもに、どれだけの親がほほえましく付き合うことができるだろうか。

子どもにとってよいと思われることは、条件が許すかぎりなんでも外注体験をさせ、スケジュールで子どもを縛っていたりすることが多い。なんでもかんでも詰め込むことで、結局、相殺されてしまうことに気が付いていない。一例を挙げると、ヨモギ団子をつくります、コマ回しをします、お弁当をバンダナで包みます、サンマを食べます、といった情報が入ると、家で練習してくる家庭が必ず現れる。

発達に特徴のある子どものなかには、予測不能なことに出会うと困ってしまう場合もあるので、配慮として予習を行うことが確かにある。しかし、多くの場合は、初めての挑戦ということを子ども自身の課題として、一人でやらせてやって欲しいと思う。失敗を恐れると競争や優劣といったことにとらわれて生きにくくなるし、他者を尊敬する代わりに妬むようにもなる。苦手なものや不得意なことがあっていいではないか。だからといって、何も自分を卑下することはない。克服に向けて努力してもよいし、人に委ねてもいいじゃないか。そのために、地球には七〇億人もの人がいると思えばいい。

予習が本番の体験をつまらなくさせ、「できる」とか「できない」とか、「すでに知っている」とか、そんなつまらないことに価値があると、子どもに学ばせないで欲しい。このようなことは、子どもが困らないようにというよりも、実際には親自身が傷つきたくない不安によるところが大きい。平仮名も、九九も、英語も、逆上がりも、子どもにその構えがなければやらされているだけとなってしまい、出会いの感動や発見も半減してしまい、本当の学びから遠ざけてしまうことになる。

自然界の一部である人生は、どんなに予習してもその通りには絶対に運ばない。ライブで切り開いていくから力がつき、生きている実感が得られる。そのライブでは、人間が想定した予習なんかをはるかに超えるだけのことが起こるから面白い。

田植えを明日に控えて、年長の桜組と年中の桃組が田んぼの生き物を入れるケースを牛乳パックでつくっている間に、梅組五人衆に声をかけて「外でお弁当を食べる準備をしようか」と誘うと、入園してまだ二か月足らずの三歳児たちがするりと動きだした。

腕白甘えん坊の哩空《りくう》が、すぐに走りだしてコップを集めはじめた。一〇本の指を巧みに使って、友達のコップの取っ手に指を入れて胸で抱えた。「すごい！」桃組や桜組の仕事をしっかり見ていたのだ。

本当に頼もしいかぎりである。もちろん、「コップを集めよう」という指示は出していない。

このままでは靴も履けないので外まで運べない。籠を出してやると、残りのコップをほかの子どもたちが籠に入れて、哩空にもここに入れるように話している。ふと見ると、自分のお弁当もしっかり持っていた。

外では、ブルーシートを広げて、その上にゴザを敷くという作業をやってもらった。物置からゴザを出して、「これを運んでね」と頼むと、哩空《りくう》は一緒に持とうとした草嗣《そうじ》の手をはねのけて、「りっくんがやる」と言って一人で運びはじめた。

哩空の腕の中で、丸めてあったゴザがスルスル滑って地面に落ちた。片手にお弁当袋を下げながらゴザを持とうと何度も何度もするのだが、そうすればするほど余計にほどけてしまう。そしてつ

いに、「そうじくん、いっしょにもって！」と頼んだ。草嗣は、先ほど手をはねのけられたにもかかわらず、快く手伝っていた。

草嗣と哩空がワッセワッセと運んでいる周りを、直《なお》と菜穂子《なほこ》と藤正《ふじまさ》が囲むように歩いている。哩空の片手に持っているお弁当に気が付いた直と藤正は、スーッといなくなったかと思うと、園舎の中へお弁当を取りに行っていた。

お弁当を取って戻ってきた藤正が、ゴザの上に馬乗りになった。その重さに二人はゴザから手を放し、「ふじくんどいてよ。ふじくんどいて。ねぇ、どいて！」と哩空が懇願するも、藤正は一向に動こうとしない。何度声をかけてもゴザに馬乗りになったままの藤正を、哩空が二度ほど蹴った。続いて、草嗣が蹴った。菜穂子が両手をオーマイガットにして、「まったくもう、やめなさい。ふじくんはおりて」と言っている。菜穂子の登場で、一気にアメリカン青春グラフティみたいな情景となった。

藤正は哩空と草嗣の顔を代わる代わる見たあと、直の姿を見つけて前まで走っていき、「やられた」と言って泣いている。言われたほうの直は、「はこびな」と、冷静にもっともな一言を藤正に言っている。それから三人でゴザをブルーシートまで運び、菜穂子も加わってゴザを広げ終わったとき、ちょうど桃組と桜組がドドドドっと走ってきて、石の上や斜面やゴザにお弁当を広げはじめた。

そのとき、草嗣《そうじ》が気付いて、「せんせい、そうちゃんのおべんとうは?」と尋ねるので、「取りに行ってらっしゃい」と先生が答えている。みんながお弁当を食べはじめたころ、ようやく菜穂《なほ》子《こ》が聞いてきた。

「なほちゃんのおべんとうは?」

「持ってきてないの?」

「うん」

「それなら、お部屋にあるよ。取っていらっしゃい」

菜穂子は大きくうなずいて、駆け足で園舎の中にお弁当を取りに行った。

新実南吉の作品に「子牛」というお話がある。「からだのなかがむじゅむじゅ」するという子牛に、親牛は何が生えてくるか待っていなさいと言って子牛をお花畑へ出してやる。親牛は、白鳥のような美しい羽や鹿のようなりっぱな角の生えることを期待して、お互いの尻尾や蹄《ひづめ》をけなしていたが、やがて子牛に普通の牛と同じまるい角がはえてくると、「まぁ、よかった。でも、なんてりっぱな牛になったことだろう」と喜ぶというお話だ。

それ以上でもないし、それ以下でもない。子どもは人のなかにあって、私たちの想像を超えるだけの奇跡を十分にもち合わせている。その信頼を疑わないことだ。

「知っている」こと

二〇一一年三月一一日の東日本大震災以降、この地球の来し方行く末と自分たちの暮らしの関係性を、俯瞰して見るようになった。翌年、縁あって秩父ユネスコ協会の創作劇『星のかけらたち』で、武甲山と原発事故をコミットさせた脚本を手掛けた。これがきっかけとなり、なんとなくの気持ちが整理されていったと思っている。そして、子どもたちの未来は、この地球との多様な関係性のなかにあるという事実を無視できないという結論に至った。

そこで、自然保育を提供する側としては、単に自然に触れて遊んだり、素材として利用すること以上に、大切にしてきたメッセージを明確に自覚して保育のなかに位置づけるようにした。それが「環境教育」との出会いである。

大阪大谷大学（富田林市）の井上美智子先生が書かれた『幼児期からの環境教育――持続可能な社会にむけて環境感を育てる』（昭和堂、二〇一二年）や『むすんでみよう子どもと自然』（井上美智子・無藤隆・神田浩行編著、北大路書房、二〇一〇年）、また『幼児のための環境教育』（岡部翠編著、新評論、二〇〇七年）に描かれている森のムッレの実践は、レイチェル・カーソンの『センス・オブ・ワンダー』（新潮社、一九九六年）以降、「花の森」が「いろんな命との共生」

と掲げてきた理念を具象化した言葉として最初に出会えた本である。

自然界は優劣では成り立っていない。お互いに補完しあい、共存しあいながら三八億年を過ごしてきた。人間が生き物であり、自然であることは、考え方の違いとかではなく事実である。言うまでもなく、それは「当然」のこととみんなは思うだろう。しかし、言葉のうえで「当然」と言われることほど、実際は矛盾していることが多い。イジメや差別だって、よくないという当然の認識のなかで、事件にならないまでも生活のなかに存在している。事実や当然だから、努力しなくてもそこに「ある」、あるいは「あるはずがない」と思うことは「過信」とも言える。

だから、「花の森」の教育理念は、いろんな命と共生でき、幸福を感じられるという意味で強く生きる子どもにすることであって、他者との比較や優劣に備えることを目的としてはいない。優劣で生きる世界は、この地球上に住む誰にとっても、決して居心地のよい世界にはならないからだ。ゆえに、自分の子どもだけが特別に、有能になることを子育ての目的として望むなら、そういう家庭に「花の森」はふさわしくない。

新しい命の誕生を喜び、日ごとの成長を楽しみにする気持ちは、私も一応子育てをしながら経験させてもらったし、期待が欲にすり替わりそうになったことも確かにある。子どもの未来を楽しみにする気持ちのことを「末は博士か大臣か」と言う。立派な花を咲かせてほしいと願うのも親心だが、何になるか（職業）に関心を示しても、どう生きるか、どんな科学者なのか、どんな音楽家なのか、どんな職人なのか、どんなスポーツ選手なのか、個としてどう生きるかの根に思いを馳せることはなかなか難しい。

「sense」や「人格」の根が育たないまま、拙速に見える花を咲かせることばかりに目を奪われていると、その子どもが恵まれた環境や名声を手にしても、もはや真の自由を得ることはできず、肥大した自尊心に苦しみ続けることになるだろう。根が張れぬまま大輪の花を咲かせた人がどうなっていったか。例を挙げるいとまがないほど、気の毒な顛末が思い浮かんでくる。この社会的な生き物の発達の順番として、「どう生きるか」の根を伸ばしておく適性期は乳幼児期からであろう。

そこで、私たちが用心しなければならないことは、知識の羅列に満足して分かった気になってしまうことである。つまり、「知っている気になる」ということだ。我が身を振り返ってみても、人生の後半に差し掛かっているというのに、つくづく何も知らないと思う。知らないはおろか、体験していることもそんなに多くない。もちろん、等しく体験しているのに気付いていないこともたくさんある。

一〇月の澄みきった空を見ると、必ず思い出す人がいる。まだ二〇代のころ、私は県のリハビリ施設に勤めていた。元小学校の教員で、網膜剥離のために全盲となり、白杖歩行や点字を身に着けるために入所していた佐藤さんの言葉である。

「こうして目が見えなくなってみるとね、今日のような空をもう一度見たいなぁって思うんです。今日の空、きれいでしょう?」

「えっ!?」

私はびっくりして、そんなにも愛しく空を眺めたことがあったろうかと思ってしまった。この空の青さをもう一度目に映したいと思える佐藤さんの感性に、心が震えたことを思い出す。高校時代にレイチェル・カーソンの『センス・オブ・ワンダー』（上遠恵子訳、新潮社、一九九六年）を読んで、「感じることは知ることの半分も大切じゃないんだ」という一説に深く共感したつもりだったが、「秋の空は澄んで青く高い」は、分かったつもりでしかなかったことに佐藤さんは気付かせてくれた。

ある霜柱が立ちはじめた凛と寒い朝、登園した元気《げんき》が朝の仕度を解いて、お弁当を温めるためにストーブに置いたりしてから、落ち葉を掃いていた私の所に白い息を吐きながらやって来た。

「はっぱにきらきらきれいなのがいっぱいあるからきて」

あ〜、葉っぱに霜がついているのだなと思った。たしかに、車を停めたあたりは一面に霜が降りていた。落ち葉を掃きたいという子どもに箒をわたして、「なんだ、なんだ」と寄ってきた数人とともに、元気が見たという宝石をつけた落ち葉を見に行った。

ところが、案内されたクヌギの木の周りにはすでに柔らかい冬日が射しており、重なり合った落ち葉は、しっとりと濡れて緊張がほどけたように静かに横たわっているだけだった。元気が心躍らせた、宝石をまとった葉っぱはどこへ行ってしまったのだろう。

「たしか、ここらへんだったたんだけどなぁ」と言う元気の言葉に、子どもたちと私はウロウロと腰をまげてクヌギの周りを回ってみた。すると小都が、「ここ、おひさまがあたってるねぇ。もっとしろいほうをさがそうよ」と言った。「でも、たしかこのへん」と元気はあきらめきれない。「しろいほうにいってみようよ」とか「げんき、ほかにもあるかもよ」と友達に言われ、まだ日の射していない霜に覆われた斜面のほうに歩き出した。

「あったよぉー！」と元気の声がした。

あった、あった！　葉っぱの周りに霜の結晶がついて、まるで砂糖菓子のようだ。でも、そうこうしているうちに、白かった斜面はみるみる色を取り戻して、砂糖菓子はぬれ落ち葉に戻ってしまった。

朝の、ほんの一瞬のマジックだ。明日も、その次の朝も、空気が冷え込んだらこの美しい宝石にまた出会うことだろう。そして、心を躍らせることだろう。知識として授かるよりも、出会ったり、自ら発見したことの感動、そして仲間と同じ景色を美しいととらえた経験は、この時期にふさわしいことだと思う。

かぎられた時間を何に使うか選択していけば、生まれることと終わること以外、一人として同じ知識や同じ体験はない。そして、同じ体験であっても、感じたことや分かったことはその体験の数だけ違う。

聞いたり、教えてもらった話以上に、感じたことは脳の中にしっかりと記憶される。そして、次の体験、次の体験と書き換えられて、太い理解の「分かる」につながっていく。そこに、人間関係や仕事や子育てにおいて、どんなに合理的な取引を耳元でささやかれても、「これはおかしい」と感じることのできる力が宿る。この力に支えられた根拠のない自信こそ、より良く生きる力だと思う。

このベリーは誰のもの

子どもにとってどうか、という視点に立つと、何であれ子どもの機嫌を取ることではないということが明白となる。状況によっては、泣こうが喚《わめ》こうがダメなものはダメという姿勢を崩さないことが子どもにとってどうかの結論になることもある。とくに命に関してのやり取りは、「これでよかったのか」と振り返ることがある。取り返しのつかない命を奪うということに及ぶ場合もあるからだ。

太郎《たろう》は、動いている虫を見つけるとよく潰していた。黒眼の端っこで様子を見ながら、「どうして潰してしまったの？」と問いかけても、ニタニタしているだけでそこに目的があることが伝わってこない。また、水たまりで溺れているアリを見つけた太郎がその中に石を置いたら、そこを頼ってアリが上ってきた。

「あ〜、助かったって言ってるね」と先生が言い終わらないうちに、持っていたもう一つの石でアリを潰してしまった。「なんでぇ？　アリさん、助かったってホッとしてたと思うよ」と、先生が思わず声を上げた。

虫を殺して知ることがある、という考え方もあるだろう。しかし、食べるために命をいただくのとは明らかに一線を画している。「どうして潰してしまったの？」と尋ねたときに、太郎からどんな答えが聞けたら、「それなら殺しても仕方ないね」と納得できるだろうか。先生の悲しそうな声を聞いて、太郎はそれからむやみに虫を殺すことはなくなった。

「花の森」のクルーのなかに、子どものころ、興味からカタツムリの殻を剥いてしまった結果、カタツムリの命を奪ってしまったという「黒歴史」をもつ人がいる。あのときのカタツムリは、命を賭して罪悪感について学ばせてくれたのだ。しかし、太郎と過ごしてきたかぎり、動くものを反射的に殺し続けることを側にいる大人がそのまま見過ごす意味が分からない。いずれ彼は、彼女の何十倍、何百倍もの罪悪感にさいなまれることになるのだろうか。私は、それを肯定するだけの理由を見いだせずにいる。

山が側にあると、生と死は身近なこととして起こる。イカル（スズメ目アトリ科）が嘴と散乱した羽を残して姿を消していたり、イモ虫に群がるアリやヤマカカシに飲み込まれるヒキガエルに遭遇する。蜘蛛に毒を打たれたテントウムシの幼虫が運よく転がって、毒が切れて生き返ったりと、子どもたちが走り回っている同じ大地で、いくつもの命の循環というドラマが繰り返されている。死を忌み、嫌ったり遠ざけたりせず、当たり前なこととして子どもの側に置きたい。そして、その命が等しくて尊いことを、何度でも繰り返し感じてほしいと願っている。

山に散歩に出掛けると、春にはベリー類、秋にはもう少し大きくてかっちりした柿や栗の実が私たちを喜ばせてくれる。

先頭集団にいた友海《ともみ》が、いち早くたわわに実る赤いグミの木を見つけて、愛海《まなみ》と二人で手と口の周りを染めながら幸せそうに食べていた。その勢いが尋常ではなく、どうしたものかと考えさせられてしまった。

二人に先生が、「あとからまだお友達が登ってくるよ。鳥さんたちにも残しておいてあげたいなー」と声をかけた。それでも二人は、美味しさのあまり、どこで終わりにしようかと、なかなか決心がつかない。

「じゃ、名前の数だけ食べておしまいね」

それで一応納得して、口の周りを真っ赤にしながらようやく先に進みはじめた。

このときのことを、お母さんに伝えると、「先生、それは収穫の喜びですよね」と言う。う〜ん、なんか違う気がする。

「収穫というのは、自分で田畑を耕し、種を蒔き、草を抜き丹精込めて育てた場合でしょうかね。山の自然は私たち人間のものではありませんから、それが行きすぎるのは、独り占めとか搾取と言うのだと思いますよ」

お母さんはそんなつもりはありませんがという意外な表情をして、「搾取ですか……」と聞き直した。独り占めではなく、いただくという気持ち、分け合うということを経験させたい。

幸平《こうへい》は、「すみれ」と「リイサ」を追いかけるのがやめられない。勢いがつくと、木の枝を持って追い掛け回す。その

ベリー摘み

たびすみれは「べべべべべぇ」と、いつもと違う鳴き方で「嫌だ、嫌だ」と声にする。「嫌だって言ってるね」と、その都度伝えるが、幸平《こうへい》も分かっているのだがやめられない。こういう形でしか他者とコミュニケーションがとれないとしたら、とても残念なことである。私が留守の日も枝を持って追い掛け回してしまい、先生たちが見かねて「すみれ」と「リイサ」を園の外に出したという。

翌日も、同じようなことがはじまったので、幸平を呼んで話をした。

「ぼくは、おともだちとあそびたいのに、あそべないんだ。……だから、すみれちゃんをおっているんだ」

「そう、まだ園に来てひと月だもんね。もっともっと、お友達と遊びたかったんだね。だったら、あなたが向き合うのは、すみれやリイサではなくお友達なんじゃないの？　どうしたらお友達と遊べるかに向き合うことじゃないの？　そのためだったら、幸平をいくらでも助けるよ」

するると、幸平の瞳からポロポロと涙がこぼれた。

このとき、友達と思うようにかかわれない幸平の気持ちに寄り添うことはとても大切だが、だからと言って、自分よりも弱い生き物や口のきけない相手をはけ口の対象にしてしまうことを、「それじゃぁ、仕方がないね」と絶対に理解してはならない。「リストラにあい、むしゃくしゃしていたので、誰でもいいから人を刺しました」と言う人の行動が認められないのと同じである。

幼児期のささいなやり取りが、勘違いを誘発することにもなる。まだ小さくて分からないからと先送りするのは、子どもに対しても、対象となった命に対しても失礼な話で、無自覚のまま自己万能感だけを膨らませてしまうことになる。

では、イジメや差別はどうだ？　無差別テロはどうだろうか？　資源搾取の争いはどうなのだ？　学校も国際社会もみんな「やってはいけない」と言っている。倫理上も、決して許されることではない。一緒じゃないかと思ってしまう。人間さえ満足すればよいのだろうか？　命に関して、あるいは公共の場において、「子どもだから許される」というのはいかがなものだろうか。子どもが機嫌を損ねることを恐れて野放しにして、ＴＰＯを伝えないことがたくさんある。

自然の中で子どもと生活することで、世界に視野を広げてしまうような感覚に出会った。そして、そこにたどり着かないことには説明がつかない、とも思っている。将来的に、人類の存続や自他の権利を尊重することの基礎が、たどり着いた先にあることだろう。

太郎《たろう》や友海《ともみ》や幸平のように、人間以外の命に関心を抱ける環境があれば、人間だけでこの世界が成り立っていないことや、未来は人間だけでは存続できないことを実感することができ、自分本位な捉え方を調整する機会に出会うことができる。あなたは、誰のものでもない。だから、あなたを冒す権利は誰にもない。では、このベリーは誰のものだろうか？

物語のある子ども

翻訳家であり、日本女子大学の教授であった百々佑利子《ももゆりこ》先生は、講義のなかで「絵本は一五分で完結する物語であり、行きて還りしものである」とおっしゃっていた。たった一五分という短い時間で人間存在の本質を描き、分厚い哲学書から絞り出したようなエッセンスが込められているような良書も存在するということだろう。

私が幼稚園のころに読んだ絵本のなかで、一番心に残っているのはバージニア・リー・バートンの『ちいさいおうち』（いしいももこ訳、岩波書店、一九六五年）である。作者は、ちいさいおうちの周りがだんだん町になって、世代が変わり、あたりが移り変わっていく様子をまるでアニメーションのように描いている。

私はハラハラしながら、立っているだけで、何もできないちいさいおうちの気持ちになっていた。今だからこそ言葉に置き換えられるが、きっと高度経済成長期に育ち、まさにこのような背景を感じながら子ども時代を過ごしたせいか、子どもながらに、便利さと引き換えに寂しく取り残されていくおうちの気持ちや、田舎の静かな豊かさのことを感じていたのだと思う。

子どもは物語を好む。そういう風にできている。その物語は、時に主人公を残酷な目にあわせることもある。人間は醜さや強欲な本質をもっていて、それがむき出しのままの人たちがどんな報いを受けるかを、モノや動物を擬人化してシンプルに語ってくる。

　また、仲間を信じることや、目には見えない価値を生きる人となれるかを、何度も試してくる。さらに物語は、普通の子どもがひょんなことから使命を受けて、たくさんの困難に出会って乗り越えていく勇者となったり、幸せは足元にあることに気付いていくという冒険をさせてくれる。そして、多くの子どもが、お話が終わると深く息をして、こちらの世界に還ってくる。

　こんなことが理由なのか、稲わらの上で一人のために読んでいても、いつのまにか子どもたちが物語に集まってくる。そこで、思い

稲わらの中で物語

がけない感覚を体験する。それは喜怒哀楽であり、物語の何者かに対する共感である。私たちが時を開けて同じ映画を観たときもそうだが、観た日によって共感する登場者が違うように、子どももそのときの内面の居所によって共感するものが変わってくる。

この共感体験は、同志との出会い体験である。子どもは、物語の登場者に共感するだけでなく、登場者から共感あるいは代弁してもらうという相互共感を体験しているのだ。

内的に物語をもち、充足している人は、利己的な思考をせず、「三方良し」の世界を描くだろう。そのために、一人だけ意見が違っていても、その孤独を通り抜けるにたる意志力をもっている。

「花の森」では、保育計画の動機づけや広がりに好影響を与える作品と、子どもたちの日常に予期せず起こるさまざまな出来事に共感したり、深めたり、ゆるめていくために多くの物語を届けている。もちろん、持ち寄った絵本も、購入する絵本も、それらの選書にはかなり気を遣っている。

本の予算は、「親の会」のお母さんたちが夜なべをしてつくったものをバザーで売って捻出した浄財である。それだけに、私たちは良書を選ぶだけの眼と、子どもの心情に合わせて届けるタイミングというセンスを磨きたいと思う。

年長児を対象に、三年間の最後の二週間をかけて、『ギルガメッシュ王ものがたり』（ルドミラ・ゼーマン／松野正子訳、岩波書店、一九九三年）三部作のお話をしている。「花の森」の屋根裏は、普段は物置となっているが、(1) 最後の最後だけ年長の子どもたちを招いて、この部屋でロウソクの明かりだけでお話をしている。子どもたちは、寝転んだり、正座だったりとそれぞれのスタイルで、遠い古代メソポタミヤの時代にタイムスリップをする。どうやら、この特別扱いがうれしいらしい。

私の願いは、自分の人生に「物語」をもつ子どもである。そして、生きとし生けるもののなかで存在する、自分を疑わない人になって欲しいとも思っている。毎年、子どもたちが巣立っていき、やがて「花の森」が彼らにとっての一つの物語となってくれたら本望である。そして四月、また新しい登場人物を迎え、新しく出会う人たちと子どもたちを真ん中にして、いろいろな「命」と「物語」を紡いでいく。

（1）夏場は、五分もいたら脱水症状を起こすような場所なので、子どもたちは入らないことになっている。冬、二月末から三月は、ほんのり暖かくて安全なので使用している。

では、自由保育で過ごしてきた子ども達はどうでしょうか。確かに、入学当初は平仮名が書けないのですが、授業を進めていくとすぐにできるようになり、幼稚園で学習してきた子どもとの差はすぐになくなります。個人的な感想ですが、初めて習うことが多いせいか、好奇心が旺盛で、発想が豊かな子どもが多いようです。つまり、とても「伸びしろ」が大きいのです。

伸び伸び、伸びしろ

さて、私も母親です。我が子のことを考えた時、やはり自由保育で伸び伸びと遊ぶ時間を多くもたせてあげたいと思いました。さらに、自然にたくさん触れて、幼児期でしか感じられないことを、身体と心をいっぱい使って体験して欲しいとも思いました。その理由は、「伸びしろ」なのです。

教員をしていて、教えている子ども達がどんどん知識を吸収し、「次は何？」とか「それ、面白そう」と身体全体で学習することを楽しむ姿、目を輝かせて課題に向かっていく姿を見るのは大きな喜びです。自由保育で育った子ども達は、どうやら「好奇心の塊」のようなのです。

重要なことは、教育観について改めて考えてみることです。知識偏重がいいのか、好奇心を高めることがいいのか、と。

息子が「花の森」で、自らを、友達を、生き物を、自然を大切にしながら好奇心の種をたくさん拾い、伸び伸びと成長して欲しいと思っています。

コラム4　思い切って休暇を取り、息子を「花の森」に

（岡田美穂・仮名）

Ｓ市で小学校の教員をしている私ですが、秩父に住む母の介護が理由で介護休暇をとって、その間、息子を「花の森」に入園させました。もちろん、「森のようちえん」のことは知っていました。自然に触れ、伸び伸びと幼児期を過ごせたらどんなに素晴らしいか、という思いはあったものの、フルタイムで働く以上、それは不可能でした。介護休暇を取ると決めた時、頭に浮かんだのは「花の森」のことです。この期間だけでも、自然体験ができればと思ったのです。

「花の森」を初めて訪れた日は雨でした。雨の日は室内で遊ぶもの、と思い込んでいた私は、合羽を着て長靴をはいて雨の中で遊ぶ子ども達と、その様子を見守る先生方の姿を見て、目から鱗が落ちる思いでした。「なんて素敵なんだろう」と、ウキウキしたことを覚えています。思い思いに自然の中で遊ぶ子ども達の背後には先生方の温かい眼差しが常にあり、子どものもつ力や可能性を信じてくれているようです。

「花の森」というフィールドに初めて立った息子が発した言葉は「どうやって遊ぶの？」だったそうです。今まで遊ぶと言えば、おもちゃか遊具を使うことが主だったので、無理もありません。しかし、それもその日だけでした。すぐに秘密基地を造ったり、木登りをしたりと、あっという間に自然に溶け込んでしまいました。息子の変化は、私の教育観を少なからず変化させました。

小学校教諭という仕事柄、これまでにたくさんの子ども達と接してきました。１年生を担任すると、卒園した幼稚園によっては、すでに平仮名や漢字、計算を習っている子どももいれば、自由保育で伸び伸びと過ごしてきて、平仮名がまったく書けないという子どもがいます。幼稚園で学習を進めてきた子ども達は、とても自信をもって、小学校の授業に臨んでいるように思えます。

エピローグ

二〇一六年三月一九日の卒園式、巣立っていったのはたった一人、悠《ゆう》だけだった。この日、タッキー&グランパも一緒に悠の門出を祝ってくれた。グランパからは蝶の標本を、タッキーからは早春の花で飾られた王冠をいただいた。二人には謝恩会にも出席していただき、これまでにない特別な卒園式となった。

それからわずか一週間、カタクリの群生地の案内を行う途中にタッキーは倒れた。そして、三週間の闘病生活ののち帰らぬ人となり、黄泉国に旅立ってしまった。

四月一七日、私たちは大好きなタッキーにお別れを言うために武蔵野会館にいた。家族葬ということだったが、私は悩んだ末、葬儀を取り計らってくれた方に相談して、「子どもたちにお別れをさせてください」とお願いをした。

2015年度の卒園式

すべての子どもたちが喪にふさわしい服装で、たくさんの野の花や手紙を持ってやって来てくれた。子どもたちの弔問を受け、大好きな山の花に包まれて、棺の中のタッキーは嬉しそうに微笑んでいるようにも見えた。

家族葬という近しい方だけのしめやかなご葬儀に、子どもたちや若いお父さんお母さんが続々とみえるものだから、葬儀場の人が「この方々はどういったご関係ですか?」と私に尋ねてきた。

「生前、いつも山で一緒に遊んだタッキーの友人たちです。一目お別れがしたくて参りました」

でもここからは、ご家族の心情を汲まなければならない。子どもたちに「いらっしゃい」と言っておきながら、「もう帰ってくれ」と言うのは忍びなかったが、追い払うように帰ってもらうことにした。

札所の案内人を長く勤めていたのに僧侶の姿はなく、タッキーの友人が般若心経を読経しはじめた。なんだか後味が悪くなってしまったなぁーと思いながら、「タッキー、子どもたちを呼んだのは間違ってた?」と心の中で問いかけたら、トコトコと子どもの足音がした。まさかと思って振り返って

タッキーと子ども達

みると、最後尾に四〇脚もの椅子が並んでおり、一人も帰らず、二〇組の親子が座って読経される様子を見守っていたのだ。いつのまに……。

「タッキーが、帰らないでいいよって言ったんだ!」

タッキーが倒れてからいっぱい泣いてきたけど、またびっくりして、声を上げて泣きそうになって慌ててハンカチで口を塞いだ。

葬儀場の人が椅子を出してくれたのだ。そのおかげで、みんなでタッキーを来世に送ることができた。今日から、子どもたちのなかでタッキーは新たに生きはじめる。

なおらいの席で、タッキーの奥様や妹さん、三人の息子さんにも初めてお会いした。タッキーとの思い出をお伝えし、家族葬に乱入した無礼を詫びると、末の妹さんが席を立たれて、「子どもたちをよく連れてきてくださいました。私の知らないところで、兄がどんな生き方をしてきたかを知ることができて、うれしかったです」と返してくださった。そして息子さんが、「父がどう生きたか、今からたどりたい」と言ってくださった。家族と音信を絶っていたタッキーが、私に子どもたちを連れて来させたのだ、と思った。

戒名はいらない。墓もいらぬ。ただただ土に還ることだけを遺言していたタッキー、やっぱりエントだったのかもしれない。

「花の森」の一〇年を振り返ると、理念としていた「いろんな命との共生」を意識して生きていることを改めて感じる。そうすると、さまざまな出会いと別れを繰り返して私たちは命をつないできたことに気付く。

「花の森」で歌いつないでいる以下の二つの歌は、卒園したらおそらく二度と耳にすることはないであろうが、「花の森」で生活をする子どもたちに伝えたいことを詩に込めた。これらの曲は、「秩父ユネスコ」の活動に参加したことで生まれた。

ユネスコ憲章の前文である「戦争は人の心の中に生まれるものであるから、人の心の中に平和のとりでを築かなければならない」をテーマとして、高校生を中心に平和を学び、創作活動を行っている秩父ユネスコから舞台の脚本を頼まれたことがある。そのとき、秩父の源流から東京湾までをフィールドワークして、『あらかわ』という作品を書いた。そして、この演劇には「花の森」の園児や卒園生も参加させていただいている。このときのテーマ曲として書いた詞が『ふるさとのうた〜ともえ〜』で、この詞に曲を付けてくれたのが、私の母校でもある影森中学校で音楽教師をしていた高橋浩美さんである。

高橋さんと言えば、卒業シーズンにはどこかの学校で必ず歌われている『旅立の日に』の作曲者である。当時、荒れていた影森中学校を「歌声の響く学校にしたい」と願った小嶋登校長（故人）が書いた詩に曲を付けたということでも知られている。コマーシャルソングとして流れているので、ご存じの人も多いだろう。

『ふるさとのうた～ともえ～』のとき、「西武秩父線のレッドアローに乗りながら車窓の情景を眺めていたら、もうスイングのリズムが生まれてきて、一五分でかけました」と高橋さんは言っていた。

『ふるさとのうた～ともえ～』（作詞・葭田あきこ、作曲・高橋浩美、編曲・三木あずさ）

(1) 山の声をきいてごらん
木々は大地をつかみ
鳥は空にうたい　虫はいのちをめぐり
けものは土を蹴る

それがぼくらの　ふるさと
思い出して　つながっていること
人と人は手をつなぐ
山から始まるいのち

(2) 川の声をきいてごらん
木の根は水をあつめ
鳥は水にいこい　魚は水をすべり
遊ぶこどもたち

それがぼくらの　ふるさと
思い出して　つながっていること
人と人は手をつなぐ
川が運ぶいのち

（3）海の声をきいてごらん
　いのちがいのちの糧を得る
　木は木陰をつくり　鳥は海を渡り
　さかなは舞おどり

　それがぼくらの　ふるさと
　思い出して　つながっていること
　人と人は手をつなぐ
　海が育てるいのち

　もう一つの曲『星のかけらたち』は、東日本大震災と原発事故に感化され、持続可能な地球をイメージして書いたものだが、作曲を三木あずささんにお願いした。あずささんは学校に勤めながら楽曲をつくり、ライブ活動を広く行っている。『平和の風』や『祈り』といった拡張高い作品から子ども向けのピアノソロである『チョコレート』のように楽しい曲もつくっている。急きょお願いしたにもかかわらず、快く曲をつけてくれた。

　後年、『星のかけらたち』は、秩父のコーラスグループの指導者で、「花の森」の芸術鑑賞会にも演奏に来てくれた西村恵理子さんのご尽力で、若き秩父の作曲家である大塚治一さんが女性三部の合唱曲に編曲してくださり、二〇一四年の「熊谷市民音楽祭」で県立熊谷高校の保護者によるコーラスグループ「コールあかいらか」のみなさんが櫻井寛先生の指揮で歌ってくれている。作詞者として、鳥肌が立つような経験をさせていただいた。

『星のかけらたち』（作詞・葭田あきこ、作曲・三木あずさ、編曲・大塚治一）

（1）ひとさし指 つかむ もみじの手
約束した
あなたには 未来があると
あなたは 夢をみられると

ずっとずっとずっとむかし
会ったことのない父と母
つないでくれた 約束

わたしたちは　星のかけら
心亡くして 星でいられない
間に合うように歩き出そう
星であるように　青い星で

（2）瞳が映す 無口ないのち
約束した
あなたを ひとりにしないと
あなたは 自由であること

ずっとずっとずっとむかし
いろんな命の父と母
守ってくれた約束

私たちは 星のかけら
土を離れて 人でいられない
間に合うように歩き出そう
星であるように　青い星で

いつか会えなくなっても
ぬくもり確かめられなくても
この星を包む祈りのまぶい（魂）

いつか会えなくなっても
ぬくもり確かめられなくても
この星をつつむ光のまぶい（魂）

「花の森」の願いを描くためにも、この二曲の歌は、子どもたちとともに歌いつないでいこうと思っている。

この一〇年で子どもたちは育ち、その代わりに両親や周りの環境は年を重ねた。落ち着きだけは相変わらずないが、体力では無理が効かなくなったことを感じている。あー生き物なんだなぁ、とつくづく思う。

大きな循環という渦のなかで、私たちは、ほんのいっとき、個であることが許されている。そして、たまたま時を同じくして出会った人たちとともに生きている。それは、偶然なのか、必然なのか。姿形や生き方はそれぞれ違っていても、その違いに触れて生きる姿を感じると「みんな一緒だ」ということが分かる。

どんな違いもわだかまりも氷解して、互いの命が愛しくなる。子どもたちには、こんな違いをたっぷりと愛せる人になって欲しいと願っている。

「花の森」の一〇年を振り返りながら筆を進めてみると、反省することがたくさん出てきたが、後悔は一つもない。先日、夫が思い出したように話しはじめた。

「ママたちがようちえんをつくると言い出したとき、鯛谷園長が言ってたなぁー」

「なんて言ってたの?」と聞くと、夫が鯛谷園長の言葉を再現してくれた。

「大変なことよ。苦労すると思うわ。でも、止めなさいって言えないのよ、良いことだから」

鯛谷和代元園長

あとがき——一緒にオールを漕いでくれたクルーたちへ

本書で書き表した「花の森こども園」の物語は、開園してからの一〇年間を私の主観で描いたものである。別のクルーが書いたら、きっと違う一〇年が描かれたことだろう。「親の手で育てるようちえんをつくろう」と言い出した一人として、責任感だけでここまで走り続けてきたようにも思う。

幼児を対象とした保育経験は子育て以外になかった私だが、幼児教育が高い専門性を必要とする分野でありながら、日本社会にあっては、多くの親が子守りの領域以上のものを保育に認めていないことも感じていた。しかし、それは私たち自身にも問題があるからだろう。保育者こそ、自らの子ども観、世界観をしっかりと語れるようにしていかなくてはならない。

多様な教育があっていいわけだが、優劣で価値を測るという世界観だけは間違っている。仮に、「世の中がそうだ」と言うなら、その世の中が間違っていることになる。なぜなら、世の中を包む自然界は競争では成り立っていないからだ。自然界が共生で成り立っていることを知れば、その非は明らかとなる。なぜなら、私たちこそが自然そのものだから。

素人がはじめた取り組みであればこそ、甘んじることなく、最高の理念と実践を完璧に提供する必要があった。私たちが行う保育において根拠となる裏付けを得るために、必死に学びながらここまで漕ぎ続けてきたように思う。そして、私たちの力には、単に分析やマニュアル、そして指導法としてではなく、大気を覆うオゾンのように、子どもたちにいろんな命との共生が伝わる環境を知り、暗黙知として高める必要があった。

そのために、随分と強引であったとも思うし、保育計画に過分な期待とクオリティをクルーのみんなに求めたと思う。それらはすべて、毎年、「花の森」での教育に期待を込めて入園される子どもたちに「一流の子どもの時間を提供する」ためであった。

自然体験を軸にすることによって教材には困らなかったが、子どもにとってどうかという教育の視点がぶれてしまったら、野外活動好きの大人の楽しみの場所になってしまうということを懸念したのも事実である。また、その日の子どもの動きに合わせて臨機応変に対処していくためには、保育者に前述の暗黙知の力がやはり要求される。そんなことを考えると、私と組む保育はきつかったと思う。

普通なら、こんなワンマンな代表は仲間から総スカンをくらって団体を去るか、仲間が去っていくかするものである。それなのに、誰も離れていく人がいなかった。よその人に、「脅されてついていっているのか?」と言われたクルーもいたが、ここでの勤務内容と給与では、脅されでもしなければ続かないとでも思ったのだろう。

まだクルーの意識が手伝い感覚のころ、とても本を買って読んでほしいとか、プライベートな時間に学びを求めることはできなかった。だから、私が聞いてきたことや本で読んだことを資料にして学びあった。子ども観の歴史的な変遷も、幼稚園教育要領も、絵本の選書眼も、初めはちんぷんかんぷんだったと思う。

そして、季節がめぐるごとに、クルーのみんなが子どもたちと本気でかかわることが面白くなってきて、びっくりするような保育を導き出せるようになったり、講演や書物をうなずきながら聞いたり読めるようになってきた。自分たちがやっていることに疑いをもたなくなってからのクルーの成長は目を見張るものがあった。事実、私は三年目ぐらいから、自分の仕事と思い込んで背負い込んでいた荷を次々に下ろして、事務分掌化をして責任を分担するようにした。保育への目覚めと同時に、それぞれが責任をもつということがクルーを強くしてきたと言える。

六～七年目くらいから、私の主な仕事はＮＰＯ全体の総括や外的な調整、また矢面に立って、クルーが行う保育がスムースに運ぶことにシフトしていった。当初、「保育に、あっこ先生はいないのですか?」という保護者の問い合わせにクルーたちが軽く落ち込んだりもしていたが、今は私がいても、子どもたちは「ひろこせんせー」とか「かよこせんせー」と言って、クルー指名から脱落してしまっている。

本音を言うと、とても寂しい。しかし、団体の先のことを考えると、ゆるやかに世代交代をして理念の構築が継承されていく方法を考えていかなければならない。すべてのクルーと相談しつつ、しっかりとつないでいきたいと思っている。

二〇一六年、一〇周年に向けて実行委員会が組織され、動き出した。実行委員の動きをどのようにしていくかについて、実行委員長であるお母さんの神結裕美さんやクルーの逸見智子さんが頑張っている。ダンゴムシの視点で自らのもち場を固める姿勢からまた一歩進み、ようやく鷲の視点で大きく全体を捉えるタイミングに来たと感じた。自分がかかわっていないところで、いつの間にか先に進んでいたり、できているということは、見えないところで仲間が骨を折ってくれているということである。そこに意感を働かせて、存分に思いを馳せられるように、時々ダンゴムシになったり、鷲になってみたいと思っている。それができると、「感謝」しか生まれてこない。

こんな傲慢なやり方でいいから、子育ても、ライフワークも一緒にクルージングしたいという方は、ぜひ活動に参加してほしい。そして、新しい部署もじゃんじゃんつくっていただきたい。昨年から事務や企画で活躍してくれている長谷川友紀さんは、二人の息子を卒園させたあと「花の森」のクルーとして残ってくれた人である。一〇年前には想像もしなかったメンバーの登場となった。

この一〇年間、子どもたちをはじめとして、保護者のみなさんや支えてくれた人たち、そして「すみれ」やチャボ、私たちを取り巻くあまたの命の師に育てていただいたと感じている。ある日、それらの師が共通してもっているものに気付いた。それは、珠玉の「子ども心」である。少々無理のある航海だったが、「子ども心」を取り戻すたびに、こんな楽しい航海はないと思えるようにもなった。だからだろう、こんなにも重いオールを漕ぎ続けることができた。もちろん、随分筋肉もついたし、心臓にも毛が生えた。今後は、保育界の海賊になるしかないだろう。

長谷川友紀　前橋市出身。結婚を機に、秩父に住む。義姉が「花の森」の立ち上げにかかわっていたことが理由で、２人の息子を入園。１年間「親の会会長」を務めたほか、卒園後は「花の森こども園後援会会長」。現在は、クルーとして事務を担当。

紙幅の関係で、この物語に登場していただくことが叶いませんでしたが、まだまだ多くの方々にお世話になっています。その方たちとの出会いがなかったら、今の「花の森」はありません。一〇年かけて同じ思いを育て合ってきた仲間と、希望ばかりを授けてくれた子どもたちがいてくれたから、書きたいことが次々とあふれるようにわき出してきました。苦労ばかりかけてきましたが、一緒に歩いてくれた「花の森」のクルーに、改めて感謝の気持ちを伝えたいです。

「ありがとうね。これからもよろしく！」

そして、三人の息子たちに「首から下は、ばあちゃんが育ててくれた」と言わしめる粗忽な嫁の不在を大らかにカバーしてくれた義母と、再び幼児教育を学ぶという私の背中を押してくれた義父に感謝を申し上げます。お二人のおかげで、一〇年間、家族がもちこたえることができました。

最後に、幼児からの環境教育についてご指導いただき、この本を出すきっかけをくださった園庭研究所の石田佳織先生と、企画を挙げればどなたかが書いてくださると高をくくっていましたら、「あなたがお書きになってください」と、『じゃりんこチエ』に登場する「てつさん」のような大阪弁で豪快に一蹴した、株式会社新評論の武市一幸さんにも御礼を申し上げます。

二〇一六年　晩秋

霞田あきこ

著者紹介

葭田あきこ（よしだ・あきこ）

秩父生まれ、秩父野山育ち、吉田暮らし。「花の木幼稚園」卒。

保育士、幼稚園教諭、CONE、陶芸家、読み聞かせボランティア「まるべりぃまむ」代表。

保育士として埼玉県に奉職、障がい者福祉に関わる。

退職後、陶芸家故吉田明 花原ひろこに弟子入り。所沢西武、銀座ミハラヤ等個展多数、療護施設で残存機能を活かした作陶を入居者と編み出す。

2008年、「花の木幼稚園」の幼稚園ママ達と共に「花の森こども園」を創設。2010年に「NPO法人花の森こども園」を創設し、現在代表。

「ようちえん」はじめました
―お母さんたちがつくった「花の森こども園」の物語―　（検印廃止）

2017年1月10日　初版第1刷発行

著者　葭田あきこ
発行者　武市一幸

発行所　株式会社 新評論

〒169-0051
東京都新宿区西早稲田3-16-28
http://www.shinhyoron.co.jp

電話 03(3202)7391
FAX 03(3202)5832
振替 00160-1-113487

印刷　フォレスト
製本　中永製本所
装幀　山田英春
カバー表4絵　松田裕子
クルーイラスト　島﨑笑夢
本文イラスト　mieko taten☺

落丁・乱丁はお取り替えします。

定価はカバーに表示してあります。

Printed in Japan
ISBN978-4-7948-1057-1

新 評 論　好 評 既 刊 書

宮原洋一（文・写真）

カモシカ脚の子どもたち

「あおぞらえん」からのメッセージ

「街が園舎」のあおぞらえんでは、子どもたちが毎日遊び切っている。22年間の保育実践に「生きる力」の育て方を学ぶ。汐見稔幸氏すいせん。

[四六並製 208頁+カラー口絵8頁
1800円　ISBN978-4-7948-0810-3]

岡部　翠 編

幼児のための環境教育

スウェーデンからの贈り物
「森のムッレ教室」

「森のムッレ」に出会ったことがありますか？「環境対策先進国」スウェーデンの教育法に学ぶ森での授業、野外保育の神髄と日本での実践例を詳説。

[四六並製 284頁
2000円　ISBN978-4-7948-0735-9]

表示価格は本体価格（税抜）です。